中等职业学校教科书

思想政治

基础模块

中国特色社会主义

教育部组织编写

高等教育出版社·北京

本册主编：陶文昭　沈成飞
编写人员：（以姓氏笔画为序）
王　衡　张　权　周金龙　赵淑梅　胡卫芳　贺大兴

图书在版编目（CIP）数据

思想政治：基础模块．中国特色社会主义 / 教育部组织编写．-- 北京：高等教育出版社，2023.8（2025.7重印）
ISBN 978-7-04-060907-3

Ⅰ．①思…　Ⅱ．①教…　Ⅲ．①政治课－中等专业学校－教材　Ⅳ．①G634.201

中国国家版本馆CIP数据核字(2023)第130958号

思想政治　基础模块　中国特色社会主义

教育部组织编写

责任编辑　王培颖　余　盛
封面设计　赵　阳
责任绘图　杨伟露
版式设计　赵　阳
责任校对　高　歌
责任印制　赵义民

出版发行　高等教育出版社
社　　址　北京市西城区德外大街4号
邮政编码　100120
印　　刷　北京盛通印刷股份有限公司
开　　本　880 mm × 1240 mm　1/16
印　　张　10.25
字　　数　200千字
购书热线　010-58581118
咨询电话　400-810-0598
网　　址　http://www.hep.edu.cn
　　　　　http://www.hep.com.cn
版　　次　2023年8月第1版
印　　次　2025年7月第5次印刷
定　　价　14.35元

物料号　60907-A0

目 录

第一单元

中国特色社会主义的开创、坚持、捍卫、发展

中华民族是世界上古老而伟大的民族，创造了绵延 5 000 多年的灿烂文明，为人类文明进步作出了不可磨灭的贡献。1840 年鸦片战争以后，由于西方列强入侵和封建统治腐败，中国逐步成为半殖民地半封建社会。为了实现中华民族伟大复兴，中国共产党在马克思主义指导下，团结带领全国各族人民为争取民族独立、人民解放和实现国家富强、人民幸福而不懈奋斗，从根本上改变了中国人民和中华民族的前途命运，绘就了人类发展史上的壮美画卷。

通过本单元学习，我们将了解中国共产党如何领导人民创造了新民主主义革命的伟大成就、社会主义革命和建设的伟大成就、改革开放和社会主义现代化建设的伟大成就、新时代中国特色社会主义的伟大成就；掌握毛泽东思想、邓小平理论、“三个代表”重要思想、科学发展观、习近平新时代中国特色社会主义思想的内容和意义；理解以中国式现代化全面推进强国建设、民族复兴伟业；坚持和发展中国特色社会主义，坚定道路自信、理论自信、制度自信、文化自信。

第1课
社会主义在中国的确立与探索

近代以来，中国人民为了实现民族复兴进行了各种探索。中国共产党领导中国人民取得了新民主主义革命胜利，完成了反对帝国主义、封建主义、官僚资本主义，争取民族独立、人民解放的任务，为实现中华民族伟大复兴创造了根本社会条件；实现了从新民主主义到社会主义的转变，进行社会主义革命，推进社会主义建设，为实现中华民族伟大复兴奠定了根本政治前提和制度基础。为什么新民主主义革命能够取得胜利？成立中华人民共和国、确立社会主义制度对于实现中华民族伟大复兴具有什么意义？毛泽东思想的内容和地位是什么？学习本课，我们将了解党带领全国各族人民夺取新民主主义革命伟大胜利、完成社会主义革命和推进社会主义建设的历程，理解党领导人民选择社会主义道路、确立社会主义制度的历史必然性和这一时期的探索对于开创中国特色社会主义的意义。

一、夺取新民主主义革命伟大胜利

1. 新的革命方向和中国共产党的诞生

阅读与思考

由于封建制度的腐朽没落，中国在近代被世界快速发展的浪潮甩在了后面。1840年，英国发动鸦片战争，用坚船利炮打开了中国的大门。1842年，英国迫使清政府签订了中国近代史上第一个不平等条约——《南京条约》，要求割让香港岛、赔偿2 100万银元，开放广州、福州、厦门、宁波、上海五处为通商口岸，还攫取了片面协定关税的特权，使中国不能根据国家需要自己调整税率，只能作为西方殖民者倾销商品和掠夺原料的海外市场。此后，西方列强又强迫清政府签订了一系列不平等条约。近代以后，中华民族遭受的苦难之重、付出的牺牲之大，在世界历史上都是罕见的。

- 结合材料，说说西方列强的入侵给中国带来了什么样的影响。

中华民族是一个伟大的民族，为人类文明进步作出了不可磨灭的贡献。鸦片战争后，在西方列强的侵略下，中国逐步成为半殖民地半封建社会，国家蒙辱、人民蒙难、文明蒙尘，中华民族遭受了前所未有的劫难。从那时起，实现中华民族伟大复兴，就成为中国人民和中华民族最伟大的梦想。

为了拯救民族危亡，中国人民奋起反抗，仁人志士奔走呐喊，进行了可歌可泣的斗争。太平天国运动、洋务运动、戊戌变法、义和团运动接连而起，各种救国方案轮番出台，但都以失败告终。1911 年，孙中山领导的辛亥革命推翻了统治中国几千年的君主专制制度，但未能改变中国半殖民地半封建的社会性质和中国人民的悲惨命运。中国迫切需要新的思想引领救亡运动，迫切需要新的组织凝聚革命力量，迫切需要开辟一条新的道路。

1917 年，俄国十月革命一声炮响，给中国送来了马克思列宁主义，为苦苦探寻救亡图存出路的中国人民指明了前进方向。以 1919 年五四运动为标志，中国工人阶级开始独立登上政治舞台，中国进入了新民主主义革命时期。

> 中国人找到了马克思列宁主义这个放之四海而皆准的普遍真理，中国的面目就起了变化了。
>
> ——毛泽东

相关链接

新民主主义革命是无产阶级领导的、人民大众的，反对帝国主义、封建主义、官僚资本主义的革命。不同于资产阶级领导的，旨在推翻封建专制主义压迫、确立资产阶级政治统治的旧民主主义革命，新民主主义革命的目标是无产阶级在中国共产党的领导下掌握革命领导权，彻底完成争取民族独立、人民解放的任务，并实现由新民主主义向社会主义的过渡。

1921 年，在中国人民和中华民族的伟大觉醒中，在马克思列宁主义同中国工人运动的紧密结合中，中国共产党应运而生。中国产生了共产党，这是开天辟地的大事变，中国革命的面貌从此

位于上海市兴业路 76 号的党的一大会址

焕然一新，深刻改变了近代以后中华民族发展的方向和进程，深刻改变了中国人民和中华民族的前途和命运，深刻改变了世界发展的趋势和格局。

2. 正确的革命道路和中华人民共和国的成立

阅读与思考

1949 年 4 月，张治中率领国民党政府代表团到北平与中国共产党进行谈判。在亲眼看到了解放区人民当家作主、扬眉吐气的新气象后，张治中在 6 月发表声明说："我居留北平已八十多天了，以我所见所闻的，觉得处处显露出一种新的转变、新的趋向，象征着我们国家民族的前途已显露出新的希望。""我以国民党党员一分子的立场只有感到无限的惭疚；但是站在国民一分子的立场说，又觉得极大的欣慰。我们中国人毕竟还有能力把国家危机挽转过来，还可希望把国家搞好，断不是一个没出息的民族。"

- 运用史实，说说中国共产党是如何带领人民"把国家危机挽转过来"的。

中国共产党一经成立，就把实现共产主义作为党的最高理想和最终目标，把为中国人民谋幸福、为中华民族谋复兴确立为自己的初心使命。中国共产党领导广大人民群众开展艰苦卓绝的革命斗争，经过大革命、土地革命战争、抗日战争和解放战争，彻底推翻了帝国主义、封建主义和官僚资本主义三座大山，历时 28 年英勇顽强的奋斗，夺取了新民主主义革命的伟大胜利。

相关链接

新民主主义革命能够取得胜利，是因为中国共产党坚持把马克思主义基本原理同中国具体实际相结合，不断推进马克思主义中国化，为中国人民指明了前进的方向和斗争的目标，在长期斗争的实践中找到了使革命走向胜利的道路，并把中国人民团结和凝聚成万众一心的不可战胜的力量。

实践充分说明，历史和人民选择了中国共产党，没有中国共产党领导，民族独立、人民解放是不可能实现的。1949 年 10 月 1 日，中华人民共和国成立。中国人民从此站起来了，中华民族任人宰割、饱受欺凌的时代一去不复返了，中国发展从此开启了新纪元。

中华人民共和国的成立，实现了民族独立、人民解放，彻底结束了旧中国半殖民地半封建社会的历史，彻底结束了极少数剥削者统治广大劳动人民的历史，彻底结束了旧中国一盘散沙的局面，彻底废除了列强强加给中国的不平等条约和帝国主义在中国的一切特权，实现了中国从几千年封建专制政治向人民民主的伟大飞跃，为实现中华民族伟大复兴创造了根本社会条件。

中华人民共和国的成立，是具有世界意义的伟大胜利。它冲破了帝国主义的东方战线，极大地改变了世界政治格局，壮大了世界和平民主和社会主义力量，鼓舞了全世界被压迫民族和被压迫人民争取解放的斗争，对世界历史进程产生了深远的影响。

毛泽东在天安门城楼上庄严宣告
中华人民共和国中央人民政府成立

启思导行

古田会议会址

遵义会议会址

西柏坡纪念馆

延安枣园革命旧址

● 除了上述革命纪念地外，你还知道哪些革命纪念地？选择你印象最深的一个，在课堂上分享。

二、完成社会主义革命和推进社会主义建设

1. 实现从新民主主义到社会主义的转变

阅读与思考

新中国成立时，国民党还有100多万军队在西南、华南和沿海岛屿负隅顽抗。国内生产萎缩，民生困苦。人均国民收入只有27美元，不仅远远落后于当时的西方发达国家，而且还不到亚洲国家平均值的2/3。国际上，美国拒绝承认新中国，对新中国实行政治孤立、经济封锁和军事包围。

- 新中国成立后面临着怎样的局面？党和国家的主要任务是什么？

近代中国半殖民地半封建社会的基本国情，决定了中国革命必须分为新民主主义革命和社会主义革命“两步走”：第一步，改变半殖民地半封建社会形态，使中国社会变成一个独立的新民主主义的社会；第二步，使革命向前发展，建立社会主义的社会。

中国人民志愿军跨过鸭绿江赴朝鲜作战

新中国成立后，中国共产党领导人民建立和巩固地方各级人民民主政权，肃清国民党反动派残余武装力量和土匪，和平解放西藏，实现祖国大陆完全统一；稳定物价、统一财经工作，完成土地改革，进行社会各方面民主改革，社会面貌焕然一新；赢得抗美援朝战争伟大胜利，捍卫了新中国安全，彰显了新中国大国地位。新中国在错综复杂的国内国际环境中站稳了脚跟。

1953年，中国共产党正式提出过渡时期的总路线，即在一个相当长的时期内，逐步实现国家的社会主义工业化，并逐步实现国家对农业、手工业和资本主义工商业的社会主义改造。1954年，第一届全国人民代表大会第一次会议召开，通过《中华人民共和国宪法》。1956年，社会主义改造基本完成。社会主义制度的建立，为我国一切进步和发展奠定了重要基础。

相关链接

社会主义工业化和社会主义改造同时并举，是因为当时中国的民族资本和个体经济力量弱小，发展困难，无法成为中国工业起飞的基础。只有确立社会主义制度、壮大社会主义性质的国营经济和集体经济，才能为国家的工业化奠定坚实基础。

2. 社会主义建设的艰辛探索

阅读与思考

社会主义制度建立后，我国的国防工业取得了重大进展。1960年，第一枚探空火箭和近程导弹成功发射。1964年，第一颗原子弹成功爆炸。1966年，第一颗装有核弹头的地地导弹成功飞行爆炸。1967年，第一颗氢弹成功爆炸。1970年，第一颗人造地球卫星成功发射。

我国第一颗原子弹成功爆炸

- 结合史实，说说新中国为什么能取得这些成就。

社会主义制度建立后，如何建设社会主义对于中国来说是一个重大而崭新的课题，没有现成的答案可以遵循。中国共产党在马克思主义基本原理的指导下，以苏联经验教训为鉴戒，开始领导中国人民探索符合中国国情的社会主义建设道路。

党的八大根据我国社会主义改造基本完成后的形势，提出国内主要矛盾已经不再是工人阶级和资产阶级的矛盾，而是人民对于经济文化迅速发展的需要同当前经济文化不能满足人民需要的状况之间的矛盾，全国人民的主要任务是集中力量发展社会生产力，实现国家工业化，逐步满足人民日益增长的物质和文化需要。

相关链接

党的八大提出在三个五年计划或者再多一点的时间内，在我国建成一个基本上完整的工业体系的战略设想，为全国人民描绘了社会主义发展的宏伟蓝图。1964年年底，周恩来在第三届全国人民代表大会第一次会议上郑重提出“实现四个现代化”的历史任务，即“在不太长的历史时期内，把我国建设成为一个具有现代农业、现代工业、现代国防和现代科学技术的社会主义强国，赶上和超过世界先进水平”。“四个现代化”从此成为党和全国各族人民的共同奋斗目标，成为凝聚和团结全国各族人民不懈奋斗的强大精神力量。

经过实施几个五年计划，我国建立起独立的比较完整的工业体系和国民经济体系，农业生产条件显著改变，教育、科学、文化、卫生、体育事业有很大发展。“两弹一星”等国防尖端科技不断取得突破，国防工业从无到有逐步发展起来。人民解放军得到壮大和提高，由单一的陆军发展成为包括海军、空军和其他技术兵种在内的合成军队，为巩固新生人民政权、确立中国大国地位、维护中华民族尊严提供了坚强后盾。

从新中国成立到改革开放前夕，党领导人民完成社会主义革命，消灭一切剥削制度，实现了中华民族有史以来最为广泛而深刻的社会变革，实现了一穷二白、人口众多的东方大国大步迈进社会主义社会的伟大飞跃。在探索过程中，虽然经历了严重曲折，但党在社会主义革命和建设中取得的独创性理论成果和巨大成就，为在新的历史时期开创中国特色社会主义提供了宝贵经验、理论准备、物质基础。

启思导行

党正式提出过渡时期的总路线后，我国国内掀起了全国人民参加和支援工业化建设的热潮，涌现出很多劳动技术能手，创造出很多提高劳动生产率的好方法。比如鞍山钢铁厂的王崇伦发明和改进了“万能工具胎”，大同煤矿的马六孩和他的伙伴们创造了一套“巷道快速掘进法”……当时还提出了“每一秒钟都为创造社会主义社会而劳动”的时代口号。

- 分小组查找社会主义革命和建设时期涌现出的劳动模范，写一写他们投身社会主义建设的事迹，说一说自己应如何向他们学习。

____

____

____

三、创立和发展毛泽东思想

1. 毛泽东思想的形成

阅读与思考

近代中国是一个半殖民地半封建的东方大国，不仅农民占人口的绝大多数，落后分散的小农经济、小生产及其社会影响根深蒂固，而且遭受着西方列强侵略和压迫，经济文化十分落后。由于没有深刻把握这一特殊国情，中国共产党一度简单套用马克思列宁主义关于无产阶级革命的一般原理和照搬俄国十月革命城市武装起义的经验，中国革命遭受严重挫折。毛泽东从革命斗争的这种失误教训中深刻认识到，不能僵化地对待马克思列宁主义，必须从中国实际出发，实现马克思主义中国化。

- 举例说明为什么必须把马克思列宁主义基本原理同中国具体实际相结合。

马克思主义是我们立党立国、兴党强国的根本指导思想。马克思主义理论不是教条而是行动指南，必须随着实践发展而发展，必须中国化才能落地生根、本土化才能深入人心。

毛泽东在党的七大上作报告

在革命斗争中，以毛泽东同志为主要代表的中国共产党人，把马克思列宁主义基本原理同中国具体实际相结合，对经过艰苦探索、付出巨大牺牲积累的一系列独创性经验作了理论概括，开辟了农村包围城市、武装夺取政权的正确革命道路，创立了毛泽东思想，为夺取新民主主义革命胜利指明了正确方向。党的七大将毛泽东思想确立为党的指导思想并写入党章。

新中国成立后，毛泽东提出把马克思列宁主义基本原理同中国具体实际进行“第二次结合”，以毛泽东同志为主要代表的中国共产党人，结合新的实际丰富和发展毛泽东思想，提出关于社会主义建设的一系列重要思想，至今仍有重要指导意义。

> 理论的生命力在于不断创新，推动马克思主义不断发展是中国共产党人的神圣职责。
>
> ——习近平

相关链接

在新民主主义革命时期，毛泽东深刻分析了中国社会形态和阶级状况，弄清了中国革命的性质、对象、任务、动力，提出通过新民主主义革命走向社会主义的两步走战略，制定了新民主主义革命总路线。毛泽东关于新民主主义革命理论的代表性著作有《中国社会各阶级的分析》《湖南农民运动考察报告》《星星之火，可以燎原》《〈共产党人〉发刊词》《新民主主义论》《论联合政府》《目前形势和我们的任务》等。

社会主义制度建立以后，毛泽东提出关于社会主义建设的一系列重要思想，包括社会主义社会是一个很长的历史阶段，严格区分和正确处理敌我矛盾和人民内部矛盾，正确处理我国社会主义建设的十大关系，走出一条适合我国国情的工业化道路，尊重价值规律，在党与民主党派的关系上实行“长期共存、互相监督”的方针，在科学文化工作中实行“百花齐放、百家争鸣”的方针等。这方面的主要著作有《论十大关系》《关于正确处理人民内部矛盾的问题》《在扩大的中央工作会议上的讲话》等。

2. 毛泽东思想的主要内容和历史地位

阅读与思考

邓小平强调，“毛泽东思想这个旗帜丢不得。丢掉了这个旗帜，实际上就否定了我们党的光辉历史”。

习近平指出，“毛泽东思想以独创性理论丰富和发展了马克思列宁主义”，“党的七大把毛泽东思想确立为党的指导思想，在思想上、政治上、组织上为党领导人民夺取抗日战争胜利和新民主主义革命胜利提供了坚强保证”。

- 查阅相关资料，想一想为什么“毛泽东思想这个旗帜丢不得”。

毛泽东思想是一个完整的科学思想体系，是中国共产党集体智慧的结晶，主要包括新民主主义革命理论、社会主义革命和社会主义建设理论、革命军队建设和军事战略的理论、政策和策略的理论、思想政治工作和文化工作的理论、党的建设理论等内容。毛泽东思想的活的灵魂是贯穿于各个组成部分的立场、观点、方法，体现为实事求是、群众路线、独立自主三个基本方面。

相关链接

实事求是中的“实事”就是客观存在着的一切事物，“是”就是客观事物的内部联系，即规律性，“求”就是我们去研究。

群众路线，是指坚持一切为了群众，一切依靠群众，从群众中来，到群众中去，把党的正确主张变为群众的自觉行动。

独立自主，是指把国家和民族发展放在自己力量的基点上，坚持民族自尊心和自信心，坚定不移走自己的路。

毛泽东思想是马克思列宁主义在中国的创造性运用和发展，是被实践证明了的关于中国革命和建设的正确的理论原则和经验总结，是马克思主义中国化的第一次历史性飞跃。

毛泽东思想教育了几代中国共产党人，它培养的大批骨干，不仅在新民主主义革命、社会主义革命、社会主义建设时期发挥了重要作用，也为新的历史时期开创和建设中国特色社会主义发挥了重要作用。党和国家必须长期坚持毛泽东思想的指导地位。

启思导行

毛泽东一生创作了大量诗词。这些诗词展现了中国革命和建设波澜壮阔的宏伟画卷，既有“问苍茫大地，谁主沉浮”的仰天长问，又有“到中流击水，浪遏飞舟”的浩然正气；既有“为有牺牲多壮志，敢教日月换新天”的无畏精神，又有“神女应无恙，当惊世界殊”的豪迈自信。

- 你还知道毛泽东的哪些诗词？选一首来讲一讲创作的时代背景和表达的思想，写在下面的横线上。

第2课
中国特色社会主义的开创和发展

改革开放和社会主义现代化建设新时期，党领导人民继续探索中国建设社会主义的正确道路，解放和发展社会生产力，使人民摆脱贫困、尽快富裕起来，为实现中华民族伟大复兴提供了充满新的活力的体制保证和快速发展的物质条件。在推进改革开放的进程中，党是如何领导人民开创和发展中国特色社会主义道路的？党的指导思想是如何与时俱进的？学习本课，我们将了解改革开放的进程，明白中国特色社会主义道路的开创和发展，懂得中国特色社会主义理论体系的内容和意义，理解中国特色社会主义是发展中国的必由之路。

一、进行改革开放和社会主义现代化建设

1. 改革开放的开启和中国特色社会主义道路的开创

阅读与思考

由于物资短缺，新中国成立后国家对很多商品采取限制供应、凭票购买的办法。例如，1954 年我国开始发行布票，按计划供应棉布。纺织业生产力提高后，每年生产的棉布数量增多，但定量生产制度没有改变，生产效率相对较低。1978 年改革开放后，对计划管理体制进行改革，市场机制的作用逐渐增强，纺织业的生产积极性被激发起来。1979—1981 年期间，我国纺织业生产年均增速超过 18%。1982 年全国棉布产量达到 153 亿米，比 1978 年增加 39.2%。1983 年，取消布票，纺织品实行敞开供应。

- 结合材料，说说改革开放带来了哪些变化。

> 只有顺应历史潮流，积极应变，主动求变，才能与时代同行。
>
> ——习近平

1978 年 12 月，中国共产党召开十一届三中全会，作出把党和国家工作中心转移到经济建设上来、实行改革开放的历史性决策，实现了新中国成立以来党的历史上具有深远意义的伟大转折，开启

了改革开放和社会主义现代化建设新时期。

相关链接

1979 年，邓小平在党的理论工作务虚会上发表讲话指出，必须在思想上政治上坚持社会主义道路、坚持无产阶级专政（后表述为人民民主专政）、坚持共产党的领导、坚持马列主义毛泽东思想这四项基本原则。这是“实现四个现代化的根本前提”。

我国改革从农村实行家庭联产承包责任制率先突破，逐步转向城市经济体制改革并全面铺开。实施经济体制改革的同时，党还领导人民进行了政治、文化、社会等各领域体制改革，推进党的建设制度改革。对外开放也逐步展开，从兴办深圳等经济特区、开发开放上海浦东到推动沿海沿边沿江沿线和内陆中心城市对外开放，为我国经济社会发展提供了重要推动力。

相关链接

1980年	在深圳、珠海、汕头、厦门设置经济特区。
1984年	开放大连、青岛等 14 个沿海港口城市。
1985年	将长江三角洲、珠江三角洲和闽南厦漳泉三角地区划为沿海经济开放区。
1988年	建立海南经济特区。
1990年	开发开放上海浦东。
1992年	开放长江沿岸的重庆、岳阳、武汉、九江、芜湖 5 个城市，哈尔滨、长春、呼和浩特、石家庄 4 个边境、沿海地区省会城市，太原、合肥、南昌等 11 个内陆省会城市。

1982 年，邓小平在党的十二大开幕词中响亮提出：“把马克思主义的普遍真理同我国的具体实际结合起来，走自己的道路，建设有中国特色的社会主义。”“建设有中国特色的社会主义”这一重大崭新命题，回答了进入改革开放新时期后走什么样的道路这一全党和全国人民最为关心的重大问题，成为指引改革开放和社会主义现代化建设的伟大旗帜。

1987 年，党的十三大指出我国正处于社会主义初级阶段，党在这个阶段的基本路线是：“领导和团结全国各族人民，以经济建设为中心，坚持四项基本原则，坚持改革开放，自力更生，艰苦创业，为把我国建设成为富强、民主、文明的社会主义现代化国家而奋斗。”实践证明，这条基本路线是党和国家的生命线、人民的幸福线。

相关链接

党的十三大指出，社会主义初级阶段包括两层含义：第一，我国社会已经是社会主义社会，我们必须坚持而不能离开社会主义；第二，我国的社会主义社会还处在初级阶段，我们必须从这个实际出发，而不能超越这个阶段。

2. 改革开放的持续推进和中国特色社会主义道路的发展

阅读与思考

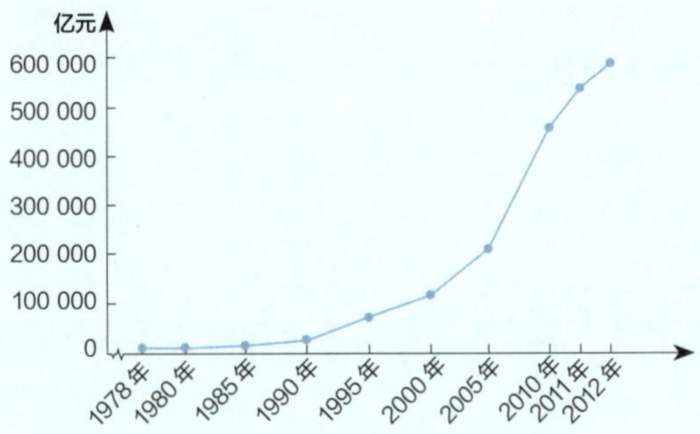

1978—2012 年我国国内生产总值

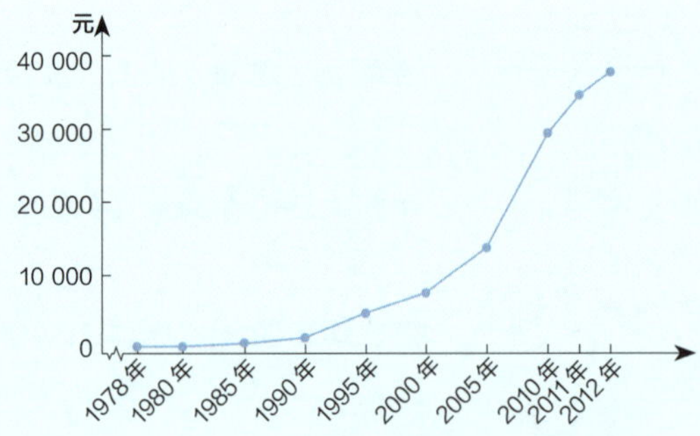

1978—2012 年我国人均国内生产总值

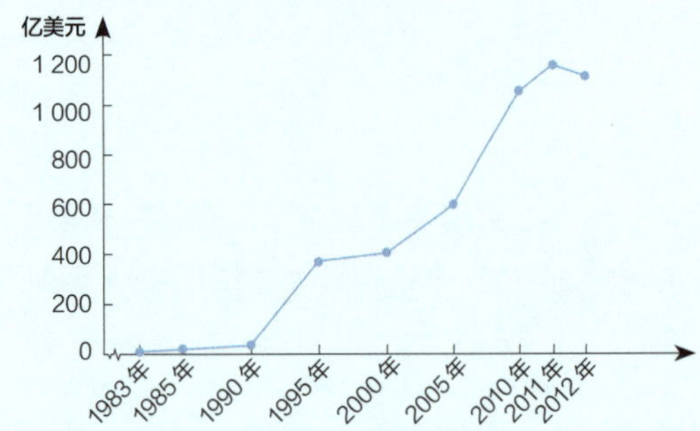

1983—2012 年我国实际使用外商直接投资金额

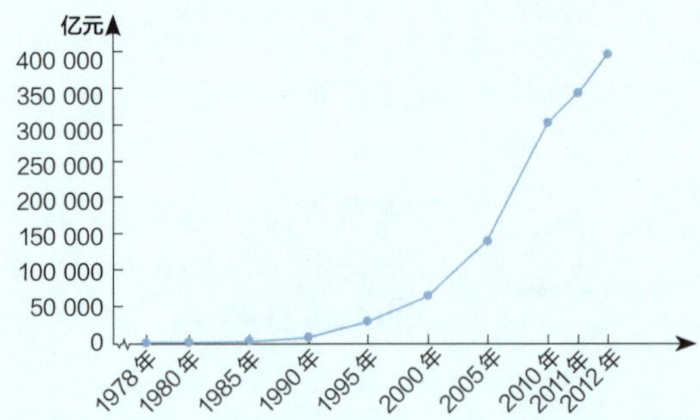

1978—2012 年我国城乡居民人民币储蓄存款余额

- 结合材料和生活经验，说说为什么要持续推进改革开放。

进入 20 世纪 90 年代后，尽管社会主义在世界范围内的实践陷入低潮，但中国共产党领导人民毫不动摇地走中国特色社会主义道路，持续推进改革开放。1992 年，邓小平发表南方谈话，从理论上深刻回答了长期困扰和束缚人们思想的许多重大问题。党的十四大确立了社会主义市场经济的改革方向，更大程度更广范围发挥市场在资源配置中的基础性作用。我国改革开放和社会主义现代化建设事业进入新的发展阶段。

在这一阶段，我国进一步完善基本经济制度、分配制度，进一步发展社会主义市场经济、社会主义民主政治、社会主义先进文化，着力保障和改善民生，促进社会公平正义。对外开放被确立为一项长期基本国策，中国加入世界贸易组织，从“引进来”到“走出去”，更加充分地利用国际国内两个市场、两种资源。

经过持续努力，改革开放和社会主义现代化建设取得了举世瞩目的伟大成就。我国实现了从生产力相对落后的状况到经济总量跃居世界第二的历史性突破，实现了人民生活从温饱不足到总体小康、奔向全面小康的历史性跨越，推进了中华民族从站起来到富起来的伟大飞跃，中国大踏步赶上了时代。

相关链接

1979—2012年，我国国内生产总值年均增长9.8%，同期世界经济年均增速只有2.8%。1978年，我国经济总量位居世界第十一位；2005年超过法国，居世界第五位；2006年超过英国，居世界第四位；2007年超过德国，居世界第三位；2010年超过日本，居世界第二位。经济总量占世界的份额由1978年的1.8%提高到2012年的11.5%。

启思导行

每一个中国人都能真切地感受到改革开放带来的生活变化，这些变化聚集起来，就是整个社会的进步。

● 采访家里的长辈，了解他们小时候的衣、食、住、用、行情况，完成下面的表格，感受改革开放和社会主义现代化建设新时期中国的发展变化。

	祖父母或外祖父母	父母	我的感受
衣、食、住、用、行			

二、形成中国特色社会主义理论体系

1. 邓小平理论

阅读与思考

1978年12月，邓小平在中共中央工作会议闭幕会上作题为《解放思想，实事求是，团结一致向前看》的重要讲话。“要向前看，就要及时地研究新情况和解决新问题，否则我们就不可能顺利前进。各方面的新情况都要研究，各方面的新问题都要解决，尤其要注意研究和解决管理方法、管理制度、经济政策这三方面的问题。”

- 结合材料和相关历史知识，举例说明坚持解放思想、实事求是的重要作用。

邓小平在党的十一届三中全会上

党的十一届三中全会以后，以邓小平同志为主要代表的中国共产党人，团结带领全党全国各族人民，深刻总结新中国成立以来正反两方面经验，围绕什么是社会主义、怎样建设社会主义这一根本问题，借鉴世界社会主义历史经验，创立了邓小平理论。

在邓小平理论指引下，党解放思想，实事求是，作出把党和国家工作中心转移到经济建设上来、实行改革开放的历史性决策，深刻揭示社会主义本质，确立社会主义初级阶段基本路线，明确提出走自己的路、建设中国特色社会主义，科学回答了建设中国特色社会主义的一系列基本问题，制定了到21世纪中叶分三步走、基本实现社会主义现代化的发展战略，成功开创了中国特色社会主义。

相关链接

邓小平理论是涵盖经济、政治、科技、教育、文化、民族、军事、外交、统一战线、党的建设等方面比较完备的科学体系，第一次比较系统地初步回答了中国社会主义的发展道路、发展阶段、根本任务、发展动力、外部条件、政治保证、战略步骤、党的领导和依靠力量以及祖国统一等一系列基本问题。1997年，党的十五大把邓小平理论确立为党的指导思想并写入党章。

邓小平理论是在和平与发展成为时代主题的历史条件下，在我国改革开放和现代化建设的实践中，逐步形成和发展起来的。邓小平理论开拓了马克思主义的新境界，是中国特色社会主义理论体系的奠基之作。

2. “三个代表”重要思想

阅读与思考

2001 年，江泽民在庆祝中国共产党成立 80 周年大会上指出：我们党已经从一个领导人民为夺取全国政权而奋斗的党，成为一个领导人民掌握着全国政权并长期执政的党；已经从一个在受到外部封锁的状态下领导国家建设的党，成为在全面改革开放条件下领导国家建设的党。

- 结合材料和所学知识，说说世纪之交为什么要提出“三个代表”重要思想。

党的十三届四中全会以后，以江泽民同志为主要代表的中国共产党人，团结带领全党全国各族人民，坚持党的基本理论、基本路线，加深了对什么是社会主义、怎样建设社会主义和建设什么样的党、怎样建设党的认识，形成了“三个代表”重要思想。

江泽民在党的十四大上作报告

在“三个代表”重要思想指引下，党在国内外形势十分复杂、世界社会主义出现严重曲折的严峻考验面前捍卫了中国特色社会主义，确立了社会主义市场经济体制的改革目标和基本框架，确立了社会主义初级阶段公有制为主体、多种所有制经济共同发展的基本经济制度和按劳分配为主体、多种分配方式并存的分配制度，开创全面改革开放新局面，推进党的建设新的伟大工程，成功把中国特色社会主义推向 21 世纪。

相关链接

2002 年，党的十六大把“三个代表”重要思想作为党的指导思想写入党章，指出：中国共产党必须始终代表中国先进生产力的发展要求，代表中国先进文化的前进方向，代表中国最广大人民的根本利益。始终做到“三个代表”，是中国共产党的立党之本、执政之基、力量之源。

“三个代表”重要思想是在科学判断党的历史方位的基础上提出来的，是对马克思列宁主义、毛泽东思想和邓小平理论的继承和发展，是中国特色社会主义理论体系的重要组成部分。

3. 科学发展观

阅读与思考

2003 年，我国遭遇了一场突如其来的“非典”疫情。在党中央和国务院坚强领导下，全国各族人民齐心协力取得了抗击“非典”的胜利，充分显示了我国社会主义制度的优越性。但“非典”的发生和蔓延，也暴露出我国在经历了一个经济高速发展阶段之后，存在发展不够协调、公共卫生事业发展滞后、突发事件应急机制不健全等新矛盾新问题。“实现什么样的发展，怎样发展”这一重大理论和实践问题，历史地摆到了中国共产党人面前。同年，胡锦涛在江西考察时指出，要牢固树立协调发展、全面发展、可持续发展的科学发展观。2004 年，胡锦涛在中央人口资源环境工作座谈会上对科学发展观进行了全面阐述。

- 结合材料和时代背景，想一想中国共产党提出科学发展观的必要性。

胡锦涛在党的十七大上作报告

党的十六大以后，以胡锦涛同志为主要代表的中国共产党人，团结带领全党全国各族人民，在全面建设小康社会进程中推进实践创新、理论创新、制度创新，深刻认识和回答了新形势下实现什么样的发展、怎样发展等重大问题，形成了科学发展观。

在科学发展观指引下，党抓住重要战略机遇期，聚精会神搞建设，一心一意谋发展，强调坚持以人为本、全面协调可持续发展，着力保障和改善民生，促进社会公平正义，推进党的执政能力建设和先进性建设，成功在新形势下坚持和发展了中国特色社会主义。

相关链接

科学发展观，第一要义是发展，核心是以人为本，基本要求是全面协调可持续，根本方法是统筹兼顾，是马克思主义关于发展的世界观和方法论的集中体现，把我们党对中国特色社会主义规律的认识提高到新的水平。2012 年，党的十八大把科学发展观作为党的指导思想写入党章。

科学发展观，是立足社会主义初级阶段基本国情，总结我国发展实践，借鉴国外发展经验，适应新的发展要求提出来的。科学发展观是同马克思列宁主义、毛泽东思想、邓小平理论、“三个代表”重要思想既一脉相承又与时俱进的科学理论，是中国特色社会主义理论体系的重要组成部分。

在探索中国特色社会主义道路的实践中，中国共产党领导人民从新的实践和时代特征出发坚持和发展马克思主义，科学回答了建设中国特色社会主义的发展道路、发展阶段、根本任务、发展动力、发展战略、政治保证、祖国统一、外交和国际战略、领导力量和依靠力量等一系列基本问题，形成中国特色社会主义理论体系，实现了马克思主义中国化新的飞跃。

启思导行

● 分小组介绍邓小平理论、"三个代表"重要思想、科学发展观的主要内容和回答的重大问题，分享学习体会，并填写在下表中。

	主要内容	回答的重大问题	学习体会
邓小平理论			
"三个代表"重要思想			
科学发展观			

第3课
中国特色社会主义进入新时代

党的十八大以来，中国特色社会主义进入新时代。党领导人民实现第一个百年奋斗目标，开启实现第二个百年奋斗目标新征程，朝着实现中华民族伟大复兴的宏伟目标继续前进。为什么说党的十八大以来，中国特色社会主义进入了新时代？为什么习近平新时代中国特色社会主义思想是我们实现中华民族伟大复兴的行动指南？学习本课，我们将认识我国发展新的历史方位，了解社会主要矛盾的变化，感悟新时代党和国家事业取得的历史性成就、发生的历史性变革，掌握习近平新时代中国特色社会主义思想的主要内容和重要意义，深刻领悟“两个确立”的决定性意义。

一、开创中国特色社会主义新时代

1. 我国发展新的历史方位

阅读与思考

1981年，党的十一届六中全会提出：“在社会主义改造基本完成以后，我国所要解决的主要矛盾，是人民日益增长的物质文化需要同落后的社会生产之间的矛盾。”随着改革开放的深入推进，我国的社会生产力水平显著提高，社会生产能力在很多方面进入世界前列。“落后的社会生产”已经不能概括今天中国的社会生产状况，更加突出的问题是发展的不平衡不充分。同样，“人民日益增长的物质文化需要”也已经不能概括今天中国人民对美好生活的需要，因为人民不仅对物质文化生活提出了更高的要求，而且在民主、法治、公平、正义、安全、环境等方面的要求日益增长。

- 举例说明新时代我国社会主要矛盾的变化。

社会主义从来都是在奋勇开拓中前进的，必定随着形势和条件的变化而不断向前发展。经过长期努力，党的十八大以来，中国特色社会主义进入新时代，这是我国发展新的历史方位。

中国特色社会主义新时代是承前启后、继往开来、在新的历史条件下继续夺取中国特色社会主义伟大胜利的时代，是决胜全面建成小康社会、进而全面建设社会主义现代化强国的时代，是全国各族人民团结奋斗、不断创造美好生活、逐步实现全体人民共同富裕的时代，是全体中华儿女勠力同心、奋力实现中华民族伟大复兴中国梦的时代，是我国不断为人类作出更大贡献的时代。

中国特色社会主义进入新时代，我国社会主要矛盾已经从人民日益增长的物质文化需要同落后的社会生产之间的矛盾，转化为人民日益增长的美好生活需要和不平衡不充分的发展之间的矛盾。我国社会主要矛盾发生了变化，但我国仍处于并将长期处于社会主义初级阶段的基本国情没有变，我国是世界上最大发展中国家的国际地位没有变。

> 党的百年奋斗历程告诉我们，党和人民事业能不能沿着正确方向前进，取决于我们能否准确认识和把握社会主要矛盾、确定中心任务。什么时候社会主要矛盾和中心任务判断准确，党和人民事业就顺利发展，否则党和人民事业就会遭受挫折。
>
> ——习近平

相关链接

发展不平衡，主要指各区域各领域各方面发展不够平衡，存在“一条腿长、一条腿短”的失衡现象，制约了整体发展水平提升。发展不充分，主要指一些地区、一些领域、一些方面还存在发展不足的问题，发展的任务仍然很重。当前和今后一个时期，制约满足人民日益增长的美好生活需要的主要因素是发展的不平衡不充分。

2. 历史性成就和历史性变革

阅读与思考

党的十八届一中全会后，习近平带领新一届中央政治局常委与中外记者见面。他在见面会上指出：“我们的人民热爱生活，期盼有更好的教育、更稳定的工作、更满意的收入、更可靠的社会保障、更高水平的医疗卫生服务、更舒适的居住条件、更优美的环境，期盼孩子们能成长得更好、工作得更好、生活得更好。人民对美好生活的向往，就是我们的奋斗目标。”

- 结合材料并联系实际，说说为了满足人民对美好生活的向往，党和国家采取了哪些举措。

改革开放以来，党和国家事业取得巨大成就，为中国特色社会主义继续前进奠定了坚实基础、创造了有利条件、提供了重要保障，同时一系列长期积累及新出现的突出矛盾和问题也亟待解决。

党的十八大以来，以习近平同志为核心的党中央团结带领全党全军全国各族人民，坚持马克思列宁主义、毛泽东思想、邓小平理论、“三个代表”重要思想、科学发展观，全面贯彻习近平新时代中国特色社会主义思想，全面贯彻党的基本路线、基本方略，采取一系列战略性举措，推进一系列变革性实践，实现一系列突破性进展，取得一系列标志性成果，经受住了来自政治、经济、意识形态、自然界等方面的风险挑战考验，党和国家事业取得历史性成就、发生历史性变革，推动我国迈上全面建设社会主义现代化国家新征程。

相关链接

党的二十大报告指出，十年来，我们经历了对党和人民事业具有重大现实意义和深远历史意义的三件大事：一是迎来中国共产党成立一百周年，二是中国特色社会主义进入新时代，三是完成脱贫攻坚、全面建成小康社会的历史任务，实现第一个百年奋斗目标。

中国人民解放军海军福建舰

神舟十四号载人飞船

“极目一号”Ⅲ型浮空艇

深水导管架平台“海基一号”

新时代党和国家取得的成就

1 在坚持党的全面领导上

党中央权威和集中统一领导得到有力保证，党的领导制度体系不断完善，党的领导方式更加科学，全党思想上更加统一、政治上更加团结、行动上更加一致，党的政治领导力、思想引领力、群众组织力、社会号召力显著增强。

2 在全面从严治党上

全面从严治党的政治引领和政治保障作用充分发挥，党的自我净化、自我完善、自我革新、自我提高能力显著增强，管党治党宽松软状况得到根本扭转，反腐败斗争取得压倒性胜利并全面巩固，消除了党、国家、军队内部存在的严重隐患，党在革命性锻造中更加坚强。

3 在经济建设上

我国经济发展平衡性、协调性、可持续性明显增强，国内生产总值突破百万亿元大关，人均国内生产总值超过一万美元，国家经济实力、科技实力、综合国力跃上新台阶，我国经济迈上更高质量、更有效率、更加公平、更可持续、更为安全的发展之路。

4 在全面深化改革开放上

中国特色社会主义制度更加成熟更加定型，国家治理体系和治理能力现代化水平不断提高，党和国家事业焕发出新的生机活力。

5 在政治建设上

我国社会主义民主政治制度化、规范化、程序化全面推进，中国特色社会主义政治制度优越性得到更好发挥，生动活泼、安定团结的政治局面得到巩固和发展。

6 在全面依法治国上

中国特色社会主义法治体系不断健全，法治中国建设迈出坚实步伐，法治固根本、稳预期、利长远的保障作用进一步发挥，党运用法治方式领导和治理国家的能力显著增强。

7 在文化建设上

我国意识形态领域形势发生全局性、根本性转变，全党全国各族人民文化自信明显增强，全社会凝聚力和向心力极大提升，为新时代开创党和国家事业新局面提供了坚强思想保证和强大精神力量。

8 在社会建设上

我国社会建设全面加强，人民生活全方位改善，社会治理社会化、法治化、智能化、专业化水平大幅度提升，发展了人民安居乐业、社会安定有序的良好局面，续写了社会长期稳定奇迹。

9 在生态文明建设上

全党全国推动绿色发展的自觉性和主动性显著增强，美丽中国建设迈出重大步伐，我国生态环境保护发生历史性、转折性、全局性变化。

10 在国防和军队建设上

人民军队实现整体性革命性重塑、重整行装再出发，国防实力和经济实力同步提升，一体化国家战略体系和能力加快构建，建立健全退役军人管理保障体制，国防动员更加高效，军政军民团结更加巩固。人民军队坚决履行新时代使命任务，以顽强斗争精神和实际行动捍卫了国家主权、安全、发展利益。

11 在维护国家安全上

国家安全得到全面加强，经受住了来自政治、经济、意识形态、自然界等方面的风险挑战考验，为党和国家兴旺发达、长治久安提供了有力保证。

12 在坚持“一国两制”和推进祖国统一上

推动香港局势实现由乱到治的重大转折，为推进依法治港治澳、促进“一国两制”实践行稳致远打下了坚实基础。丰富和发展国家统一理论和对台方针政策，推动两岸关系朝着正确方向发展。

13 在外交工作上

中国特色大国外交全面推进，构建人类命运共同体成为引领时代潮流和人类前进方向的鲜明旗帜，我国外交在世界大变局中开创新局、在世界乱局中化危为机，我国国际影响力、感召力、塑造力显著提升。

党和国家事业取得的历史性成就、发生的历史性变革，彰显了中国特色社会主义的强大生机活力，党心军心民心空前凝聚振奋，为实现中华民族伟大复兴提供了更为完善的制度保证、更为坚实的物质基础、更为主动的精神力量。中华民族迎来了从站起来、富起来到强起来的伟大飞跃。

新时代的伟大变革，在党史、新中国史、改革开放史、社会主义发展史、中华民族发展史上具有里程碑意义。全国人民更加坚定中国特色社会主义道路自信、理论自信、制度自信、文化自信。

3. 以中国式现代化全面推进中华民族伟大复兴

阅读与思考

2021年7月，习近平在中国共产党与世界政党领导人峰会上阐明，“现代化道路并没有固定模式，适合自己的才是最好的，不能削足适履。每个国家自主探索符合本国国情的现代化道路的努力都应该受到尊重”。

- 想一想，为什么说现代化道路“适合自己的才是最好的”？

> 推进中国式现代化，必须坚持独立自主、自立自强，坚持把国家和民族发展放在自己力量的基点上，坚持把我国发展进步的命运牢牢掌握在自己手中。
>
> ——习近平

实现国家现代化，是近代以来中华民族的伟大理想，但只有找到符合国情的现代化道路，才能实现这一理想。在新中国成立特别是改革开放以来长期探索和实践基础上，经过党的十八大以来在理论和实践上的创新突破，中国共产党成功推进和拓展了中国式现代化。

中国式现代化，是中国共产党领导的社会主义现代化，既有各国现代化的共同特征，更有基于自己国情的中国特色。中国式现代化是人口规模巨大的现代化，是全体人民共同富裕的现代化，是物质文明和精神文明相协调的现代化，是人与自然和谐共生的现代化，是走和平发展道路的现代化。

相关链接

中国式现代化的本质要求是：坚持中国共产党领导，坚持中国特色社会主义，实现高质量发展，发展全过程人民民主，丰富人民精神世界，实现全体人民共同富裕，促进人与自然和谐共生，推动构建人类命运共同体，创造人类文明新形态。

在新时代推进中国式现代化的进程中，我国历史性地解决了绝对贫困问题，实现了全面建成小康社会的第一个百年奋斗目标。全面建成小康社会，充分彰显了中国特色社会主义制度的强大生命力和巨大优越性，显著提高了我国国际地位，在中华民族发展史上具有重要里程碑意义。

新时代新征程，中国共产党的中心任务就是团结带领全国各族人民全面建成社会主义现代化强国、实现第二个百年奋斗目标，以中国式现代化全面推进中华民族伟大复兴。

相关链接

“两个一百年”奋斗目标：在中国共产党成立一百年时全面建成小康社会，在新中国成立一百年时建成富强民主文明和谐美丽的社会主义现代化国家。

全面建成社会主义现代化强国，总的战略安排是分两步走：从 2020 年到 2035 年基本实现社会主义现代化；从 2035 年到本世纪中叶把我国建成富强民主文明和谐美丽的社会主义现代化强国。

启思导行

● 观看纪录片《我们走在大路上》第 23 集《辉煌新时代》。在横线上写下你印象最深的几个成就，结合这些成就和所学专业，谈谈自己如何更好地在新时代选择未来的发展方向。

____

____

____

____

____

____

____

____

____

____

____

二、创立习近平新时代中国特色社会主义思想

1. 系统科学的理论体系

阅读与思考

2017 年，党的十九大把习近平新时代中国特色社会主义思想确立为党必须长期坚持的指导思想，并写入党章。2018 年，第十三届全国人民代表大会第一次会议通过的《中华人民共和国宪法修正案》，把习近平新时代中国特色社会主义思想载入宪法，确立了习近平新时代中国特色社会主义思想在国家政治和社会生活中的指导地位。

- 查阅党章和宪法，说说习近平新时代中国特色社会主义思想的主要内容有哪些。

习近平在党的十九大上作报告

党的十八大以来，以习近平同志为主要代表的中国共产党人，坚持把马克思主义基本原理同中国具体实际相结合、同中华优秀传统文化相结合，科学回答了新时代坚持和发展什么样的中国特色社会主义、怎样坚持和发展中国特色社会主义等重大时代课题，创立了习近平新时代中国特色社会主义思想。

相关链接

只有植根本国、本民族历史文化沃土，马克思主义真理之树才能根深叶茂。中华优秀传统文化源远流长、博大精深，是中华文明的智慧结晶，其中蕴含的天下为公、民为邦本、为政以德、革故鼎新、任人唯贤、天人合一、自强不息、厚德载物、讲信修睦、亲仁善邻等，是中国人民在长期生产生活中积累的宇宙观、天下观、社会观、道德观的重要体现，同科学社会主义价值观主张具有高度契合性。

习近平新时代中国特色社会主义思想，涵盖改革发展稳定、内政外交国防、治党治国治军等各个领域、各个方面，提出一系列原创性的治国理政新理念新思想新战略，以全新的视野深化了对共产党执政规律、社会主义建设规律、人类社会发展规律的认识。党的十九大、十九届六中全会提出的“十个明确”“十四个坚持”“十三个方面成就”概括了这一思想的主要内容。

十个明确

1. 明确中国特色社会主义最本质的特征是中国共产党领导，中国特色社会主义制度的最大优势是中国共产党领导，中国共产党是最高政治领导力量，全党必须增强“四个意识”、坚定“四个自信”、做到“两个维护”。
2. 明确坚持和发展中国特色社会主义，总任务是实现社会主义现代化和中华民族伟大复兴，在全面建成小康社会的基础上，分两步走在本世纪中叶建成富强民主文明和谐美丽的社会主义现代化强国，以中国式现代化推进中华民族伟大复兴。
3. 明确新时代我国社会主要矛盾是人民日益增长的美好生活需要和不平衡不充分的发展之间的矛盾，必须坚持以人民为中心的发展思想，发展全过程人民民主，推动人的全面发展、全体人民共同富裕取得更为明显的实质性进展。
4. 明确中国特色社会主义事业总体布局是经济建设、政治建设、文化建设、社会建设、生态文明建设五位一体，战略布局是全面建设社会主义现代化国家、全面深化改革、全面依法治国、全面从严治党四个全面。
5. 明确全面深化改革总目标是完善和发展中国特色社会主义制度、推进国家治理体系和治理能力现代化。
6. 明确全面推进依法治国总目标是建设中国特色社会主义法治体系、建设社会主义法治国家。
7. 明确必须坚持和完善社会主义基本经济制度，使市场在资源配置中起决定性作用，更好发挥政府作用，把握新发展阶段，贯彻创新、协调、绿色、开放、共享的新发展理念，加快构建以国内大循环为主体、国内国际双循环相互促进的新发展格局，推动高质量发展，统筹发展和安全。
8. 明确党在新时代的强军目标是建设一支听党指挥、能打胜仗、作风优良的人民军队，把人民军队建设成为世界一流军队。
9. 明确中国特色大国外交要服务民族复兴、促进人类进步，推动建设新型国际关系，推动构建人类命运共同体。
10. 明确全面从严治党的战略方针，提出新时代党的建设总要求，全面推进党的政治建设、思想建设、组织建设、作风建设、纪律建设，把制度建设贯穿其中，深入推进反腐败斗争，落实管党治党政治责任，以伟大自我革命引领伟大社会革命。

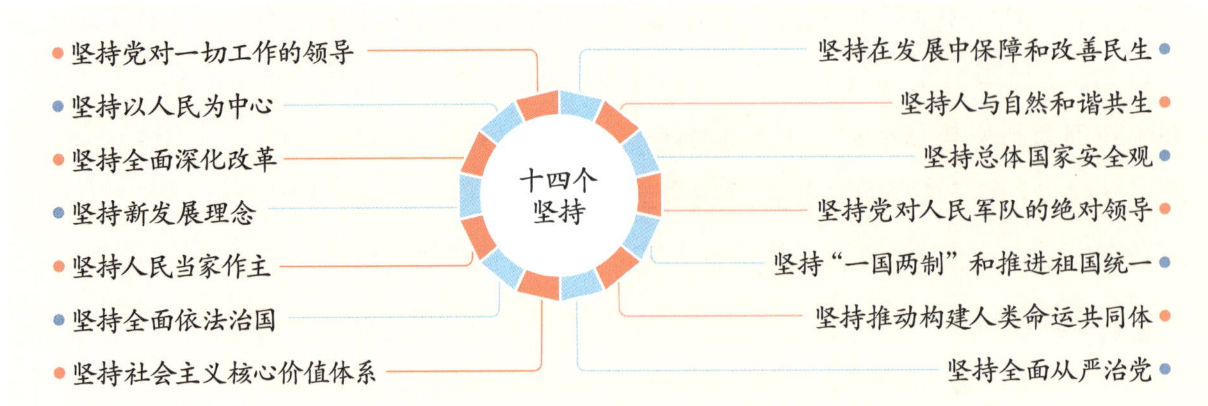

实践没有止境，理论创新也没有止境。继续推进实践基础上的理论创新，首先要把握好习近平新时代中国特色社会主义思想的世界观和方法论，坚持好、运用好贯穿其中的立场观点方法，必须坚持人民至上，必须坚持自信自立，必须坚持守正创新，必须坚持问题导向，必须坚持系统观念，必须坚持胸怀天下。

2. 民族复兴的行动指南

阅读与思考

党的十八大以来，以习近平同志为核心的党中央对关系新时代党和国家事业发展的一系列重大理论和实践问题进行了深邃思考和科学判断，提出一系列治国理政新理念新思想新战略，如供给侧结构性改革、新发展理念、国家治理体系和治理能力现代化、全过程人民民主、总体国家安全观、精准扶贫、科技强军，等等。

- 结合材料并联系实际，说说习近平新时代中国特色社会主义思想对于党和国家事业发展有哪些重要意义。

习近平新时代中国特色社会主义思想，是对马克思列宁主义、毛泽东思想、邓小平理论、“三个代表”重要思想、科学发展观的继承和发展，是马克思主义中国化时代化最新成果，是当代中国马克思主义、21世纪马克思主义，是中华文化和中国精神的时代精华，实现了马克思主义中国化时代化新的飞跃。

相关链接

党的二十大报告指出，我们必须坚持解放思想、实事求是、与时俱进、求真务实，一切从实际出发，着眼解决新时代改革开放和社会主义现代化建设的实际问题，不断回答中国之问、世界之问、人民之问、时代之问，作出符合中国实际和时代要求的正确回答，得出符合客观规律的科学认识，形成与时俱进的理论成果，更好指导中国实践。

党确立习近平同志党中央的核心、全党的核心地位，确立习近平新时代中国特色社会主义思想的指导地位，反映了全党全军全国各族人民共同心愿，对新时代党和国家事业发展、对推进中华民族伟大复兴历史进程具有决定性意义。

新时代新征程，我们在习近平新时代中国特色社会主义思想的指引下，更加自信、自立、自强，以前所未有的历史主动精神、历史创造精神，为全面建设社会主义现代化国家、全面推进中华民族伟大复兴而团结奋斗。

习近平在天安门城楼参加庆祝中华人民共和国成立 70 周年大会

启思导行

2014年

习近平就加快发展职业教育作出重要指示，指出职业教育是国民教育体系和人力资源开发的重要组成部分，是广大青年打开通往成功成才大门的重要途径，肩负着培养多样化人才、传承技术技能、促进就业创业的重要职责，必须高度重视、加快发展。

2021年

习近平对职业教育作出重要指示，指出在全面建设社会主义现代化国家新征程中，职业教育前途广阔、大有可为。

- 想一想，习近平关于职业教育的重要论述对自己的发展有哪些启示，写在下面的横线上。

____

____

____

- 分组讨论应当如何将习近平新时代中国特色社会主义思想落实到学习和实践中，写在下面的横线上。

____

____

____

内容概览

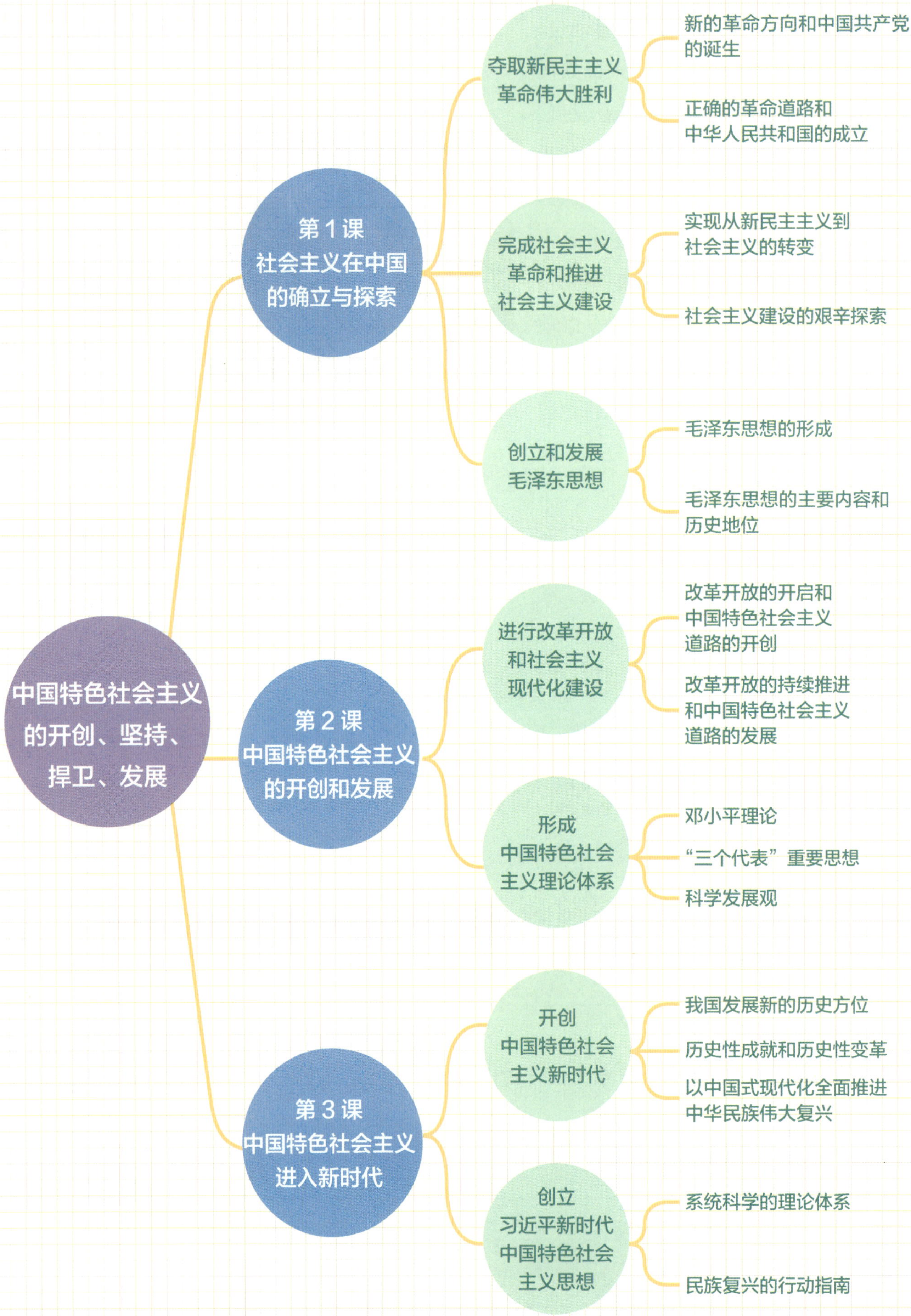

中国特色社会主义的开创、坚持、捍卫、发展
第 1 课 社会主义在中国的确立与探索
夺取新民主主义革命伟大胜利
新的革命方向和中国共产党的诞生
正确的革命道路和中华人民共和国的成立
完成社会主义革命和推进社会主义建设
实现从新民主主义到社会主义的转变
社会主义建设的艰辛探索
创立和发展毛泽东思想
毛泽东思想的形成
毛泽东思想的主要内容和历史地位
第 2 课 中国特色社会主义的开创和发展
进行改革开放和社会主义现代化建设
改革开放的开启和中国特色社会主义道路的开创
改革开放的持续推进和中国特色社会主义道路的发展
形成中国特色社会主义理论体系
邓小平理论
“三个代表”重要思想
科学发展观
第 3 课 中国特色社会主义进入新时代
开创中国特色社会主义新时代
我国发展新的历史方位
历史性成就和历史性变革
以中国式现代化全面推进中华民族伟大复兴
创立习近平新时代中国特色社会主义思想
系统科学的理论体系
民族复兴的行动指南

学以致用

做中国特色社会主义的信仰者和实践者

▶活动目标

1. 懂得只有社会主义才能救中国、只有社会主义才能发展中国，明确开创和发展中国特色社会主义、开创中国特色社会主义新时代的重要意义。

2. 强化对伟大祖国、中国共产党、中国特色社会主义的认同，坚定实现中华民族伟大复兴的信心。

3. 树立为实现中华民族伟大复兴而奋斗的理想，积极投身中国特色社会主义伟大实践。

▶活动任务与建议

任务一：围绕“为什么社会主义是中国历史发展的必然”，探讨只有社会主义才能救中国、只有社会主义才能发展中国

1. 可观看反映近代以来党领导人民反对帝国主义、封建主义、官僚资本主义压迫的影像资料，并撰写观后感。

2. 可参观当地的爱国主义教育基地，瞻仰革命圣地、革命旧址，或分组搜集革命英雄事迹，在班级分享。

3. 可围绕党史、新中国史、改革开放史、社会主义发展史、中华民族发展史开展知识竞赛、书画展、制作手抄报（或电子小报）、讲故事、合唱比赛等活动。

任务二：围绕“中国共产党为什么能”，领悟只有中国共产党领导人民开创的中国特色社会主义道路，才是指引中国繁荣发展的正确道路

1. 可查阅党的十一届三中全会以来我国经济社会发展的主要数据变化情况，以图片、演示文稿、动漫等形式在课堂上展示，感受改革开放给国家和人民生活带来的巨大变化。

2. 可开展改革开放先锋故事演讲比赛，根据改革开放新时期涌现出的“改革先锋”的事迹编写故事，在课堂上举行改革开放“故事会”，评选出演讲比赛优胜者。

3. 可组织改革开放歌曲赏析、电影配音等活动，在活动中进一步了解改革开放以来中国的发展。

任务三：围绕“新时代新在哪里”，理解中国特色社会主义发展新的历史方位和中国特色社会主义进入新时代的意义

1. 可搜集家乡或学校所在地有关经济、政治、文化、社会、生态文明等各方面发展的事例，通过解读事例，说说新时代国家发展取得的成就。

2. 可结合所学专业搜集相关行业发展情况，进行简要分析，以多种形式在课堂上展现所学专业在新时代国家发展、人民生活改善等方面的作用，讨论完成专业学习后如何建功新时代。

►活动评价

评价内容	评价人员	评价方式	评价维度						总结反思
			语言表达	问题分析	事件处理	成果呈现	个人状态	团队合作	

说明：

- 评价人员：本人、同学、家长、教师等。
- 评价方式：采用赋分评价、评语结论评价等。
- 评价维度：语言表达是否清晰准确，问题分析是否全面准确，事件处理是否恰当，成果呈现是否完整，个人状态是否积极，团队合作是否有效。
- 总结反思：从成效、改进措施等方面进行。

第二单元 中国特色社会主义经济建设

党的十八大以来，在习近平新时代中国特色社会主义思想的科学指引下，党始终坚持以经济建设为中心，不断解放和发展社会生产力，在富起来、强起来的征程上迈出了决定性的步伐。必须坚持和完善社会主义基本经济制度，使市场在资源配置中起决定性作用，更好发挥政府作用，立足新发展阶段，贯彻新发展理念，构建新发展格局，推动高质量发展。

通过本单元学习，我们将深入了解社会主义基本经济制度，感悟社会主义基本经济制度的优越性；了解经济转向高质量发展阶段和深化供给侧结构性改革的意义，理解创新、协调、绿色、开放、共享的新发展理念，领悟加快建设创新型国家的重要性；懂得开放带来进步、封闭必然落后的道理。

第4课 社会主义基本经济制度

公有制为主体、多种所有制经济共同发展，按劳分配为主体、多种分配方式并存，社会主义市场经济体制等，共同构成了社会主义基本经济制度。社会主义基本经济制度是党和人民的伟大创造，既体现了社会主义制度优越性，又同我国社会主义初级阶段社会生产力发展水平相适应。中国特色社会主义的所有制形式有哪些？收入分配制度是什么？经济体制机制如何运行？学习本课，我们将了解社会主义基本经济制度的内涵，理解社会主义基本经济制度的优势。

一、公有制为主体、多种所有制经济共同发展

1. 我国的生产资料所有制

阅读与思考

这些商品和服务一般由哪些市场主体生产和提供？这些市场主体属于哪种所有制经济？

在社会主义初级阶段，我国坚持以公有制为主体、多种所有制经济共同发展的生产资料所有制。

以公有制为主体是社会主义初级阶段经济制度的根本特征。公有制经济包括国有经济、集体经济以及混合所有制经济中的国有成分和集体成分。

相关链接

国有资本、集体资本、非公有资本等交叉持股、相互融合的混合所有制经济，是基本经济制度的重要实现形式，有利于国有资本放大功能、保值增值、提高竞争力，有利于各种所有制资本取长补短、相互促进、共同发展。

公有制的主体地位主要体现在：公有资产在社会总资产中占优势；国有经济控制国民经济命脉，对经济发展起主导作用。这是就全国而言，有的地方、有的产业可以有所差别。公有资产占优势，要有量的优势，更要注重质的提高。

> 我国公有制经济是长期以来在国家发展历程中形成的，积累了大量财富，这是全体人民的共同财富。
>
> ——习近平

相关链接

国有经济起主导作用，主要体现在控制力上。对关系国民经济命脉的重要行业和关键领域，国有经济必须占支配地位。在其他领域，可以通过资产重组和结构调整，以加强重点，提高国有资产的整体质量。

非公有制经济是我国社会主义市场经济的重要组成部分。现阶段，我国非公有制经济包括个体经济、私营经济、港澳台投资经济、外商投资经济以及混合所有制经济中的非国有成分和非集体成分。

公有制经济和非公有制经济，二者相辅相成、相得益彰。国家保护各种所有制经济产权和合法利益，保证各种所有制经济依法平等使用生产要素、公开公平公正参与市场竞争、同等受到法律保护，依法监管各种所有制经济。

2. 保证社会主义性质，不断解放和发展生产力

阅读与思考

“奋斗者号”全海深载人潜水器

“南水北调”中线工程起点丹江口水库

500 米口径球面射电望远镜——“中国天眼”

“墨子号”量子卫星与地面建立天地链路

- 结合图片，查阅相关资料，说一说国有企业在这些重大项目的建设或实施中发挥了怎样的作用。

一个社会可以有不同形式的生产资料所有制，其中，占支配地位的生产资料所有制决定着这个社会的基本性质和发展方向。公有制主体地位、国有经济主导作用是我国各族人民共享发展成果的制度性保证，也是巩固党的执政地位、坚持我国社会主义制度的重要保证。

国有企业作为国有经济的主要载体，是中国特色社会主义的重要物质基础和政治基础，是中国共产党执政兴国的重要支柱和依靠力量，关系公有制主体地位的巩固，关系中国共产党的执政地位和执政能力，关系我国社会主义制度。

> 国有企业是推进国家现代化、保障人民共同利益的重要力量。
>
> ——习近平

相关链接

习近平指出："我国国有企业为我国经济社会发展、科技进步、国防建设、民生改善作出了历史性贡献，功勋卓著，功不可没。"如果没有长期以来国有企业为我国发展打下的重要物质基础，如果没有国有企业取得的重大创新成果和关键核心技术，如果没有国有企业长期承担大量社会责任，就没有我国的经济独立和国家安全，就没有人民生活的不断改善，就没有社会主义中国在世界东方的岿然屹立。

我国非公有制经济从小到大、由弱变强，是在党和国家方针政策指引下实现的。长期以来，我国非公有制经济快速发展，在稳定增长、促进创新、增加就业、改善民生等方面发挥了重要作用。

相关链接

民营经济是非公有制经济的主要经济组织形式，是社会主义市场经济发展的重要成果，也是推动社会主义市场经济发展的重要力量。

公有制经济和非公有制经济都是社会主义市场经济的重要组成部分。改革开放以来，我国所有制结构逐步调整，公有制经济和非公有制经济在发展经济、促进就业等方面的比重不断变化，增强了经济社会发展活力。我们要毫不动摇巩固和发展公有制经济，毫不动摇鼓励、支持、引导非公有制经济发展，促进各种所有制经济优势互补、共同发展。

启思导行

● 企业是重要的市场主体，与我们的生产、生活密切相关。结合所学知识，走访相关企业或查阅企业信息，完成以下表格。

	企业类型和性质	在推动经济发展、保障就业等方面发挥的作用
你所在地的知名企业		
你所学专业对口就业的龙头企业		

二、按劳分配为主体、多种分配方式并存

1. 我国的分配制度

阅读与思考

张爷爷退休多年，每月都领取退休金。李叔叔在一家股份制企业工作，企业让他技术入股，以后可以分红了。赵阿姨在民企工作，管理能力得到认可，最近升为部门经理，享受管理人员薪资待遇。小明毕业后成为一家国有企业的员工，工作努力，除了工资，年底还获得了奖金。

- 以上人物获取收入的途径有哪些？

现阶段我国坚持公有制为主体、多种所有制经济共同发展，决定了分配制度必然是按劳分配为主体、多种分配方式并存。

按劳分配是社会主义的分配原则。它的基本内容和要求是：有劳动能力的社会成员必须参加劳动；在作了必要的扣除后，以劳动者提供的劳动为尺度对个人进行分配，多劳多得、少劳少得。

在社会主义市场经济中，除了公有制范围内的按劳分配，与多种所有制相适应，还存在多种分配方式，让劳动、资本、土地、知识、技术、管理、数据等要素参与分配。

我国现阶段的个人收入分配制度，使我国居民收入来源多样化。从个人获取收入的途径看，居民收入主要包括劳动性收入和财产性收入，还包括经营性收入和转移性收入。

相关链接

◆ 劳动性收入，是指通过劳动所获得的收入，包括工资、奖金、津贴等。

◆ 财产性收入，是指通过自己所拥有的各类财产获得的收入，包括银行存款所得的利息、房屋出租所得的租金等。

◆ 经营性收入，是指通过生产经营活动获得的收入。

◆ 转移性收入，是指国家、单位、社会团体对住户的各种经常性转移支付和住户之间的经常性收入转移，包括养老金、社会救济和补助、政策性生产补贴、政策性生活补贴、救灾款等。

2. 调动各方面积极性，实现共同富裕

阅读与思考

共同富裕是社会主义的本质要求，是中国式现代化的重要特征。同学们对此展开了讨论。

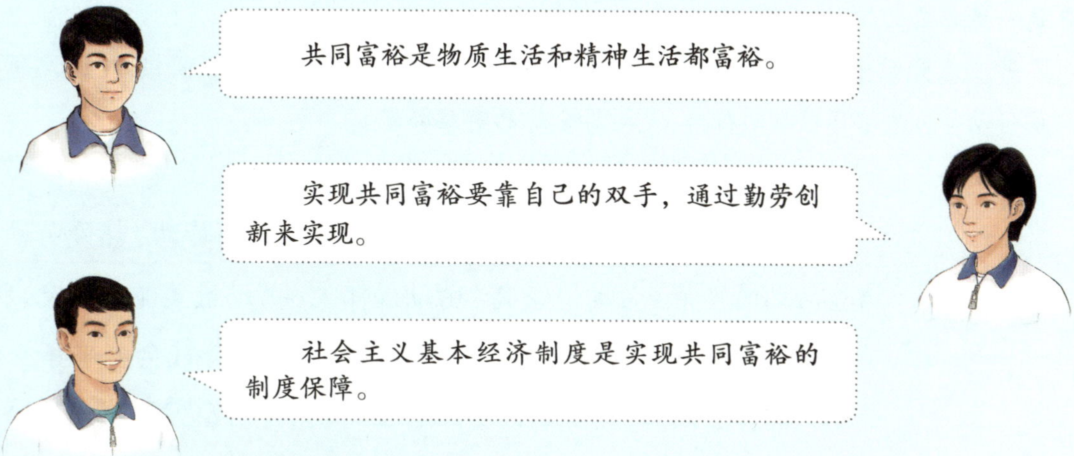

- 结合材料，谈谈你对共同富裕的认识。

按劳分配为主体、多种分配方式并存的制度，有利于调动各方面积极性，有利于实现效率和公平有机统一，是促进共同富裕的基础性制度。按劳分配能防止两极分化，有助于充分调动劳动者的积极性和创造性，有利于人民共享发展成果，实现共同富裕。多种分配方式并存，有利于激发一切生产要素的活力，推动资源优化配置，促进经济发展。

> 我们坚持走社会主义道路，根本目标是实现共同富裕，然而平均发展是不可能的。过去搞平均主义，吃“大锅饭”，实际上是共同落后，共同贫穷，我们就是吃了这个亏。改革首先要打破平均主义，打破“大锅饭”，现在看来这个路子是对的。
>
> ——邓小平

改善收入和财富分配格局。初次分配和再分配都要兼顾效率和公平，再分配更加注重公平。初次分配方面，坚持多劳多得，着重保护劳动所得，增加劳动者特别是一线劳动者劳动报酬，提高劳动报酬在初次分配中的比重。再分配方面，健全以税收、社会保障、转移支付等为主要手段的再分配调节机制。第三次分配方面，发展慈善等社会公益事业。

相关链接

转移支付，又称无偿支付，主要是指政府或企业无偿支付财物给其他经济主体以增加其收入，是收入再分配的一种形式。政府向个人的转移支付大多具有社会保障性质，上级政府对下级政府的转移支付主要是为了平衡各地区的政府收入差距，企业对非营利组织的捐赠也是一种重要的转移支付。

第三次分配是在道德、文化、习惯等影响下，社会力量自愿通过民间捐赠、慈善事业、志愿行动等方式济困扶弱的行为，是对再分配的有益补充。

鼓励勤劳创新致富。大力弘扬劳动精神，崇尚劳动、热爱劳动，牢固树立劳动最光荣、劳动最崇高、劳动最伟大、劳动最美丽的观念，将辛勤劳动、诚实劳动、创造性劳动作为自觉行为。坚持社会公平正义，维护劳动者的合法权益，排除阻碍劳动者参与发展、分享发展成果的障碍，努力让劳动者实现体面劳动、全面发展，让勤奋做事、勤勉为人、勤劳致富在全社会蔚然成风。

启思导行

● 你毕业后，是直接参加工作、继续学习深造，还是自主创业？填写以下表格，与同学们分组讨论。

	收入类型	要增加你的收入来源，有哪些合理的计划？
直接参加工作	工资：	
继续学习深造	奖学金、助学金：	
自主创业	经营所得：	

三、社会主义市场经济体制

1. 用好“看不见的手”和“看得见的手”

阅读与思考

菜价、肉价上涨，老百姓的生活成本上升。政府应该实行指导价，严格控制物价上涨。

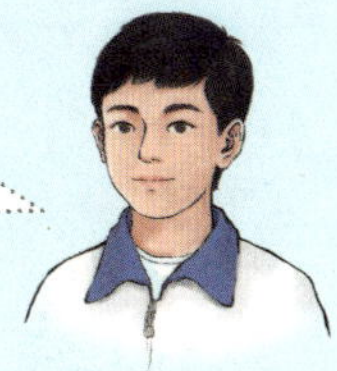

菜价、肉价由市场自发决定，政府不应该干预。物价上涨，可以少消费一点；物价下降，可以多消费一点。

菜价、肉价关系民生。价格太高老百姓消费不起，太低影响农民和企业的生产积极性。物价周期性波动太大也影响经济的稳定性。因此，政府不仅应该管，还要综合运用多种手段管，让各方都满意。

- 你赞同哪种观点？和大家分享一下你的理由。

市场决定资源配置是市场经济的一般规律。在市场经济中，产品的生产、交换、分配和消费，由企业、个人等市场主体通过价格、竞争、供求等机制来调节。市场机制就像一只“看不见的手”，引导和调节资源在全社会的配置。

市场在资源配置中起决定性作用，并不是起全部作用。在我国，国防、治安、消防等公共物品的供给不能由市场来调节，教育、医疗等与民生息息相关的重要服务不能完全由市场来调节，否则就不能保障国家安全、人民生命财产安全和人民生活，严重影响社会安定。

相关链接

公共物品，是与私人物品相对应的概念。当一个人消费公共物品时，并不会减少他人对该物品的消费，也无法排除他人同时消费该物品。

更好发挥政府作用，不是要更多发挥政府作用，而是要在保证市场发挥决定性作用的前提下，管好那些市场管不了或管不好的事情。

——习近平

合理配置资源必须更好发挥政府这只“看得见的手”的作用。政府的职责和作用主要是保持宏观经济稳定，加强和优化公共服务，保障公平竞争，加强市场监管，维护市场秩序，推动可持续发展，促进共同富裕，弥补市场失灵。

使市场在资源配置中起决定性作用和更好发挥政府作用，二者是有机统一的，不是相互否定的，不能把二者割裂开来、对立起来。

2. 社会主义制度和市场经济的有机结合

阅读与思考

2021 年 3 月，第十三届全国人民代表大会第四次会议表决通过了《中华人民共和国国民经济和社会发展第十四个五年规划和 2035 年远景目标纲要》。用中长期规划指导经济社会发展，是党治国理政的一种重要方式。从 1953 年开始，我国已经编制实施了 14 个五年规划（计划），其中改革开放以来编制实施 9 个，有力推动了经济社会发展、综合国力提升、人民生活改善，创造了世所罕见的经济快速发展奇迹和社会长期稳定奇迹。

- 我国为什么编制发展规划（计划）？

党对政府和市场关系的认识经历了一个不断深化的过程。早在改革开放之初，就开始探索社会主义制度和商品经济的结合问题。党的十四大确立了我国经济体制改革的目标是建立社会主义市场经济体制，提出要使市场在社会主义国家宏观调控下对资源配置起基础性作用。党的十八届三中全会把市场在资源配置中的“基础性作用”修改为“决定性作用”。这个定位，是党对中国特色社会主义建设规律认识的一个新突破。

在社会主义条件下发展市场经济，是党的一个伟大创举。我国经济发展获得巨大成功的一个关键因素，就是我们既发挥了市场经济的长处，又发挥了社会主义制度的优越性。我们是在中国共产党领导和社会主义制度的大前提下发展市场经济，什么时候都不能忘了“社会主义”这个定语。之所以说是社会主义市场经济，就是要坚持我们的制度优越性，有效防范资本主义市场经济的弊端。

相关链接

市场调节有局限性，它存在着自发性、盲目性、滞后性等弊病。由于生产经营者不可能完全和及时掌握市场上所有的信息，因而其决策必然带有一定的盲目性。由于从价格形成、价格信号传递到生产的调整有一定的时间差，市场调节往往具有滞后性。在市场经济中，为了自身不正当利益和眼前利益，生产经营者可能会损害社会的公共利益和长远利益，甚至可能会损害国家利益。

2021 年中央经济工作会议指出，社会主义市场经济是一个伟大创造，社会主义市场经济中必然会有各种形态的资本，要发挥资本作为生产要素的积极作用，同时有效控制其消极作用。要为资本设置“红绿灯”，依法加强对资本的有效监管，防止资本野蛮生长。

科学的宏观调控，有效的政府治理，是发挥社会主义市场经济体制优势的内在要求。社会主义市场经济体制能够通过更好发挥政府作用，把人民的当前利益与长远利益、局部利益与整体利益结合起来，坚持全国一盘棋，调动各方面积极性，集中力量办大事，促进社会经济持续健康发展。

相关链接

宏观调控是指国家综合运用各种手段对国民经济进行调节和控制，主要目标是促进经济增长、增加就业、稳定物价、保持国际收支平衡。宏观调控最常用的经济手段是财政政策和货币政策。

从高度集中的计划经济体制到充满活力的社会主义市场经济体制，再到使市场在资源配置中起决定性作用和更好发挥政府作用，改革开放以来我国成功地走出了一条社会主义市场经济之路。构建高水平社会主义市场经济体制，必须统筹好有效市场和有为政府的关系，形成既“放得活”又“管得住”的经济秩序。

启思导行

2008 年京津高铁的开通运营标志着我国铁路开始迈入高铁时代。经过十多年的建设，几十条高铁线路相继开通，“四纵四横”高铁网全面建成，“八纵八横”高铁网加密形成，我国成为世界上唯一高铁成网运行的国家。截至 2023 年年底，我国高铁运营里程达 4.5 万千米，居世界第一位。

- 结合材料和所学内容，查阅相关资料，说说在我国高铁实现跨越式发展的过程中，政府和市场发挥的作用有哪些。

第5课
推动高质量发展

党的十八大以来，我国坚定不移贯彻新发展理念，经济社会发展站上新的起点，不断实现新的跃升。全面建成小康社会后，我国进入了新发展阶段，开启全面建设社会主义现代化国家新征程。我们必须立足新发展阶段、贯彻新发展理念、构建新发展格局、推动高质量发展。什么是新发展阶段、新发展理念和新发展格局？什么是高质量发展？如何进行供给侧结构性改革？为什么要建设现代化经济体系？如何建设创新型国家？学习本课，我们将了解我国经济发展的指导原则、路径选择和战略目标，理解建设创新型国家的重要意义。

一、建设社会主义现代化国家的战略导向

1. 立足新发展阶段

阅读与思考

2021年1月，习近平在省部级主要领导干部学习贯彻党的十九届五中全会精神专题研讨班上的讲话中指出："新中国成立不久，我们党就提出建设社会主义现代化国家的目标，经过13个五年规划（计划），我们已经为实现这个目标奠定了坚实基础，未来30年将是我们完成这个历史宏愿的新发展阶段。我们已经明确了未来发展的路线图和时间表。这就是，到2035年，用3个五年规划期，基本实现社会主义现代化。然后，再用3个五年规划期，到本世纪中叶，把我国建成富强民主文明和谐美丽的社会主义现代化强国。"

- 新发展阶段指的是什么阶段？

正确认识党和人民事业所处的历史方位和发展阶段，是党明确阶段性中心任务、制定路线方针政策的根本依据，也是党领导革命、建设、改革不断取得胜利的重要经验。全面建成小康社会、实现第一个百年奋斗目标之后，我们乘势而上开启全面建设社会主义现代化国家新征程、向第二个百年奋斗目标进军，这标志着我国进入了一个新发展阶段。

新发展阶段，是党带领全国人民迎来从站起来、富起来到强起来历史性跨越的新阶段。经过新中国成立以来特别是改革开放 40 多年的不懈奋斗，到“十三五”规划收官之时，我国经济实力、科技实力、综合国力和人民生活水平跃上了新的大台阶。特别是全面建成小康社会取得伟大历史成果，解决困扰中华民族几千年的绝对贫困问题取得历史性成就。这在我国社会主义现代化建设进程中具有里程碑意义，为我国进入新发展阶段、朝着第二个百年奋斗目标进军奠定了坚实基础。

相关链接

截至 2020 年年底我国已成为：

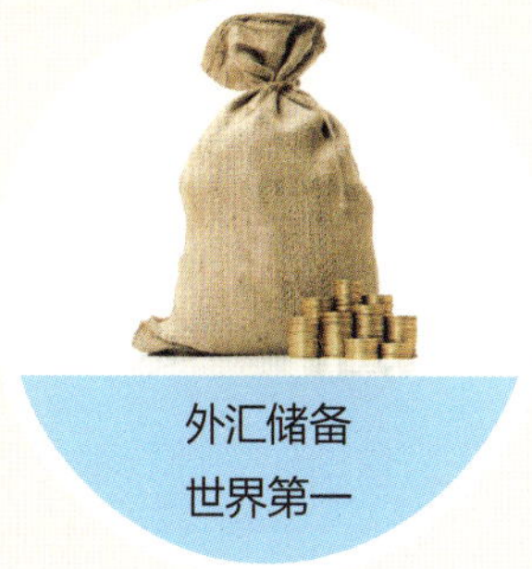

2. 贯彻新发展理念

阅读与思考

改革开放以来，我国经济发展迅速，但由于技术水平不够发达、发展方式不尽合理，一个时期内部分行业产能过剩、部分地区环境污染严重。2013 年 4 月，习近平在十八届中央政治局常委会会议上指出：“如果仍是粗放发展，即使实现了国内生产总值翻一番的目标，那污染又会是一种什么情况？届时资源环境恐怕完全承载不了。想一想，在现有基础上不转变经济发展方式实现经济总量增加一倍，产能继续过剩，那将是一种什么样的生态环境？经济上去了，老百姓的幸福感大打折扣，甚至强烈的不满情绪上来了，那是什么形势？”

- 结合材料，想一想我们应该树立怎样的发展理念、走什么样的发展道路。

发展理念是发展行动的先导，是发展思路、发展方向、发展着力点的集中体现。发展理念是否对头，从根本上决定着发展成效乃至成败。必须坚定不移贯彻创新、协调、绿色、开放、共享的新发展理念。

新发展理念是一个系统的理论体系，是习近平经济思想的主要内容。新发展理念回答了关于发展的目的、动力、方式、路径等一系列理论和实践问题，阐明了党关于发展的政治立场、价值导向、发展模式、发展道路等重大政治问题。创新、协调、绿色、开放、共享的发展理念，相互贯通、相互促进，是具有内在联系的集合体，要统一贯彻，不能顾此失彼，也不能相互替代。哪一个发展理念贯彻不到位，发展进程都会受到影响。

> 新发展理念就是指挥棒、红绿灯。
>
> ——习近平

相关链接

党的十八大以来，以习近平同志为核心的党中央观大势、谋全局、干实事，紧紧围绕发展新时代中国特色社会主义经济的重大课题，形成一系列关于我国经济发展全局的重大判断和论断，提出一系列新理念新思想新战略，在理论与实践互动中形成了习近平经济思想。习近平经济思想体系严整、内涵丰富、博大精深，就其基本内容来说，主要体现在十三个方面。

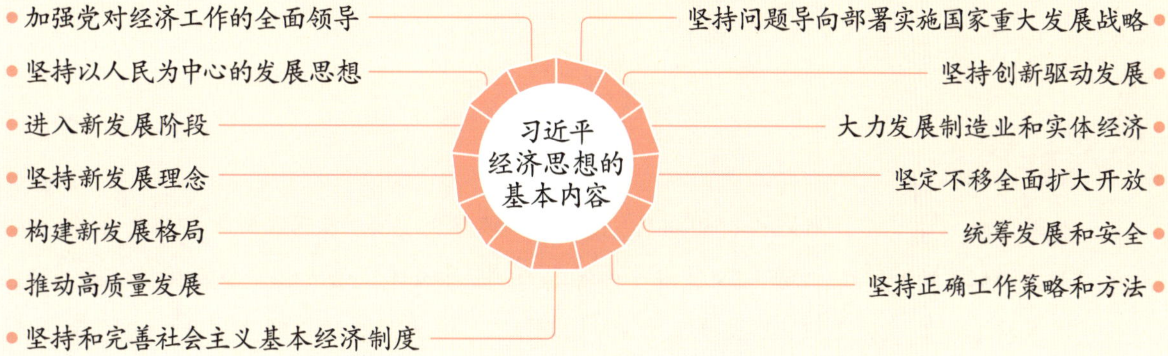

贯彻新发展理念，必须坚持以人民为中心的发展思想。坚持以人民为中心的发展思想，就是把实现人民幸福作为发展的目的和归宿，做到发展为了人民、发展依靠人民、发展成果由人民共享。以人民为中心的发展思想，反映了坚持人民主体地位的内在要求，彰显了人民至上的价值取向，体现在经济社会发展各个方面。

贯彻新发展理念，要逐步实现共同富裕。实现共同富裕是马克思主义的一个基本目标，也是社会主义的一条根本原则。共同富裕是全体人民的富裕，是人民群众物质生活和精神生活都富裕，不是少数人的富裕，也不是整齐划一的平均主义，要分阶段促进共同富裕。党的二十大提出，到 2035 年基本实现社会主义现代化，人民生活更加幸福美好，人的全面发展、全体人民共同富裕取得更为明显的实质性进展。

> 共同富裕是社会主义的本质要求，是人民群众的共同期盼。我们推动经济社会发展，归根结底是要实现全体人民共同富裕。
>
> ——习近平

相关链接

2021年5月，中共中央、国务院出台《关于支持浙江高质量发展建设共同富裕示范区的意见》。该意见指出：共同富裕具有鲜明的时代特征和中国特色，是全体人民通过辛勤劳动和相互帮助，普遍达到生活富裕富足、精神自信自强、环境宜居宜业、社会和谐和睦、公共服务普及普惠，实现人的全面发展和社会全面进步，共享改革发展成果和幸福美好生活。

3. 构建新发展格局

阅读与思考

改革开放以来特别是加入世贸组织后，我国加入国际大循环，市场和资源“两头在外”，形成“世界工厂”发展模式，对我国快速提升经济实力、改善人民生活发挥了重要作用。近几年，个别国家掀起逆全球化之风，大搞单边主义、保护主义，传统国际循环明显弱化。在这种情况下，必须进一步把发展立足点放在国内，更多依靠国内市场实现经济发展。我国有14亿多人口，人均国内生产总值已经突破1万美元，具有巨大增长空间。

- 为什么要从“两头在外”转向“把发展立足点放在国内”？

世界百年未有之大变局加速演进。世界经济复苏乏力，逆全球化思潮抬头，单边主义、保护主义明显上升，世界进入新的动荡变革期。今后一个时期，我国将面对更多逆风逆水的外部环境，必须做好应对一系列新的风险挑战的准备，推动形成以国内大循环为主体、国内国际双循环相互促进的新发展格局。

> 我们只有立足自身，把国内大循环畅通起来，努力炼就百毒不侵、金刚不坏之身，才能任由国际风云变幻，始终充满朝气生存和发展下去，没有任何人能打倒我们、卡死我们！
>
> ——习近平

构建新发展格局，是与时俱进提升我国经济发展水平的战略抉择，也是适应我国发展新阶段要求、塑造国际合作和竞争新优势的必然选择。改革开放以来，我国遭遇过很多外部风险冲击，最终都能化险为夷，靠的就是办好自己的事、把发展立足点放在国内。坚持扩大内需这个战略基点，使生产、分配、流通、消费更多依托国内市场，形成国民经济良性循环。

构建新发展格局，关键在于经济循环的畅通无阻，实现高水平的自立自强。坚定不移贯彻新发展理念，把实施扩大内需战略和深化供给侧结构性改革有机结合起来，加强自主创新，推动产业链供应链优化升级，形成需求牵引供给、供给创造需求的更高水平动态平衡。

相关链接

当今世界，最稀缺的资源是市场。市场资源是我国的巨大优势，必须充分利用和发挥这个优势，不断巩固和增强这个优势，形成构建新发展格局的雄厚支撑。

2021 年，我国国内生产总值超过 110 万亿元，社会消费品零售总额突破 40 万亿元，固定资产投资超过 50 万亿元，国内需求对经济增长的贡献率为 79.1%，国内市场规模扩大，扩大内需战略效果明显。

新发展格局绝不是封闭的国内循环，而是开放的国内国际双循环。以国内大循环为主体，绝不是关起门来封闭运行，而是要依托我国超大规模市场优势，以国内大循环吸引全球资源要素，增强国内国际两个市场两种资源联动效应，提升贸易投资合作质量和水平。

启思导行

● 以下同学的暑假实践体现了新发展理念的哪些内容？这对你有什么启示？写在横线上。

案例一：暑假期间小王去企业实习，还参与改进了一个小工艺，提高了企业生产效率，降低了能耗。

____

____

____

____

案例二：小李家乡的农产品加工企业想把产品销售到国外，暑假期间小李帮他们设计了一个英文说明书。

____

____

____

____

二、实现高质量发展

1. 供给侧结构性改革

阅读与思考

改革开放以来，我国人民的生活水平增长很快，但有段时间，一些有大量购买力支撑的消费需求在国内得不到有效供给，消费者将大把钞票花费在境外购物上，购买的商品已从珠宝首饰、名包名表、名牌服饰、化妆品等奢侈品向电饭煲、马桶盖、奶粉、奶瓶等普通日用品延伸。

- 为什么会出现上述现象？怎么解决这个问题？

> 高质量发展是全面建设社会主义现代化国家的首要任务。
>
> ——习近平

党的十八大以来，我国经济发展的基本特征就是由高速增长阶段转向高质量发展阶段。高质量发展，是能够很好满足人民日益增长的美好生活需要的发展，是体现新发展理念的发展。

当前和今后一个时期，我国经济发展面临的问题，供给和需求两侧都有，但矛盾的主要方面在供给侧。比如，一些行业和产业产能过剩，同时大量关键装备、核心技术、高端产品还依赖进口。事实证明，我国不是需求不足，或没有需求，而是需求变了，供给的产品却没有变，质量、服务跟不上。有效供给能力不足，导致消费能力严重外流。解决这些结构性问题，必须把推进供给侧结构性改革作为经济发展的主线，这是新时代稳定经济增长、推动高质量发展的治本良方。

相关链接

供给和需求是市场经济内在关系的两个基本方面，二者相互依存、互为条件。没有需求，供给就无从实现，新的需求可以催生新的供给；没有供给，需求就无法满足，新的供给可以创造新的需求。

供给侧管理和需求侧管理是调控宏观经济的两个基本手段。需求侧管理，重在解决总量性问题，注重短期调控，主要是通过税收、财政支出、货币信贷等来刺激或抑制需求，进而推动经济增长。供给侧管理，重在解决结构性问题，注重激发经济增长动力，主要通过优化要素配置和调整生产结构来提高供给体系质量和效率，进而推动经济增长。

深化供给侧结构性改革、推动经济高质量发展，总的要求是“巩固、增强、提升、畅通”八字方针，巩固“三去一降一补”成果，推进制造强国建设，加快发展现代产业体系，壮大实体经济，发展数字经济，增强微观主体活力，提升产业链供应链现代化水平，畅通国民经济循环。

相关链接

“三去一降一补”，就是指去产能、去库存、去杠杆、降成本、补短板，这是推进供给侧结构性改革的重要任务。抓好这些任务，要积极稳妥化解产能过剩，帮助企业降低成本，化解房地产库存，扩大有效供给，防范化解金融风险。

2. 建设现代化经济体系

阅读与思考

党的十九大首次提出建设现代化经济体系的目标后，党和政府多次出台政策措施，推进现代化经济体系建设。

党的十九届五中全会提出：展望 2035 年，我国将基本实现新型工业化、信息化、城镇化、农业现代化，建成现代化经济体系。

党的二十大提出：建成现代化经济体系，形成新发展格局，基本实现新型工业化、信息化、城镇化、农业现代化。

- 为什么党和政府高度重视建设现代化经济体系？

建设现代化经济体系是我国发展的战略目标，也是转变经济发展方式、优化经济结构、转换经济增长动力的迫切要求。只有形成现代化经济体系，才能更好顺应现代化发展潮流和赢得国际竞争主动，才能为其他领域现代化提供有力支撑。

> 国家强，经济体系必须强。
>
> ——习近平

现代化经济体系，是由社会经济活动各个环节、各个层面、各个领域的相互关系和内在联系构成的一个有机整体。要建设创新引领、协同发展的产业体系，统一开放、竞争有序的市场体系，体现效率、促进公平的收入分配体系，彰显优势、协调联动的城乡区域发展体系，资源节约、环境友好的绿色发展体系，多元平衡、安全高效的全面开放体系，充分发挥市场作用、更好发挥政府作用的经济体制。

相关链接

党的十九届五中全会指出，要加快发展现代产业体系，推动经济体系优化升级。具体举措包括以下几点。

- 提升产业链供应链现代化水平
- 发展战略性新兴产业
- 加快发展现代服务业
- 统筹推进基础设施建设
- 加快建设交通强国
- 推进能源革命
- 加快数字化发展

建设现代化经济体系，必须坚持把发展经济的着力点放在实体经济上，推进新型工业化，加快建设制造强国、质量强国、航天强国、交通强国、网络强国、数字中国。

> 实体经济是一国经济的立身之本、财富之源。
>
> ——习近平

建设现代化经济体系，必须促进区域协调发展。深入实施区域协调发展战略、区域重大战略、主体功能区战略、新型城镇化战略，优化重大生产力布局，构建优势互补、高质量发展的区域经济布局和国土空间体系。

3. 建设创新型国家

阅读与思考

在绵延5 000多年的文明发展进程中，中华民族创造了闻名于世的科技成果。我们的先人在农、医、天、算等方面形成了系统化的知识体系，取得了以四大发明为代表的一大批发明创造。近代以后，由于国内外各种原因，我国屡次与科技革命失之交臂，从世界强国变为任人欺凌的半殖民地半封建国家，我们的民族经历了一个多世纪列强侵略、战乱不止、社会动荡、人民流离失所的深重苦难。

- 结合材料并联系实际，说一说我国为什么要加快科技创新，掌握全球科技竞争先机。

创新强则国运昌，创新弱则国运殆。全球新一轮科技革命、产业变革和军事变革加速演进，颠覆性技术不断涌现，正在重塑世界竞争格局、改变国家力量对比，创新驱动成为许多国家谋求竞争优势的核心战略。我们要实现中华民族伟大复兴，必须依靠创新驱动打造发展新引擎，培育新的经济增长点，持续提升经济发展的质量和效益，发展新质生产力，开辟发展新空间。

> 教育、科技、人才是全面建设社会主义现代化国家的基础性、战略性支撑。
>
> ——习近平

相关链接

2024 年 1 月，习近平在中共中央政治局第十一次集体学习时指出："新质生产力是创新起主导作用，摆脱传统经济增长方式、生产力发展路径，具有高科技、高效能、高质量特征，符合新发展理念的先进生产力质态。它由技术革命性突破、生产要素创新性配置、产业深度转型升级而催生，以劳动者、劳动资料、劳动对象及其优化组合的跃升为基本内涵，以全要素生产率大幅提升为核心标志，特点是创新，关键在质优，本质是先进生产力。"

建设创新型国家，要坚决实施创新驱动发展战略。坚持面向世界科技前沿、面向经济主战场、面向国家重大需求、面向人民生命健康，加快实现高水平科技自立自强。

相关链接

2020 年 9 月，一台最大开挖直径达 16.07 米的盾构机在长沙下线，这台盾构机可以一次性开挖隧道断面近 6 层楼高，是当时我国研制的最大直径盾构机。

我国研制的超大直径盾构机"京华号"

盾构机由于制造难度大，生产技术长期被外国垄断。1997 年，我国在修建西康铁路秦岭隧道时，从国外进口两台机器，花了 7 亿元。核心技术不能受制于人，中国一定要造出自己的盾构机。2008 年，我国第一台拥有自主知识产权的盾构机成功下线。现在，国产盾构机打破了国外的技术和市场垄断，并出口到其他国家，使得国际同类产品价格便宜了 40%。

建设创新型国家，要坚决实施人才强国战略。人才资源是第一资源，也是创新活动中最为活跃、最为积极的因素。培养造就大批德才兼备的高素质人才，是国家和民族长远发展大计。要建设一支规模宏大、结构合理、素质优良的创新人才队伍和一支宏大的知识型、技能型、创新型产业工人大军。

相关链接

2021 年 9 月，习近平在中央人才工作会议上指出，党的十八大以来，党中央深刻回答了为什么建设人才强国、什么是人才强国、怎样建设人才强国的重大理论和实践问题，提出了一系列新理念新战略新举措。一是坚持党对人才工作的全面领导，二是坚持人才引领发展的战略地位，三是坚持面向世界科技前沿、面向经济主战场、面向国家重大需求、面向人民生命健康，四是坚持全方位培养用好人才，五是坚持深化人才发展体制机制改革，六是坚持聚天下英才而用之，七是坚持营造识才爱才敬才用才的环境，八是坚持弘扬科学家精神。

建设创新型国家，要坚决实施科教兴国战略。教育兴则民族兴，科技强则国家强。要坚持把科技创新摆在国家发展全局的核心位置，把科技自立自强作为国家发展的战略支撑，强化国家战略科技力量，加强基础研究，强化知识产权创造、保护、运用，打赢关键核心技术攻坚战。要坚持教育优先发展，加快建设教育强国，为党育人、为国育才，培育创新文化，弘扬科学家精神，涵养优良学风，营造创新氛围。

启思导行

实现高质量发展，建设创新型国家，需要更多的高素质劳动者和技术技能人才。艾爱国，1950 年出生，焊接专家。19 岁进厂当工人，靠着勤奋好学，1982 年他以 8 项考核全部优异的成绩，考取气焊、电焊合格证，成为湘潭市当时唯一持有双合格证的焊工。50 多年来，他累计攻克焊接技术难关 400 多个，改进工艺 100 多项。2021 年，艾爱国荣获“七一勋章”。

- 查阅资料，分享艾爱国立足岗位、改进工艺的创新事迹，并结合自身实际谈谈对今后工作的启示。

第6课
推动形成全面对外开放新局面

开放是当代中国的鲜明标识。为什么说开放带来进步，封闭必然落后？如何理解经济全球化趋势不可逆转？“一带一路”倡议的基本内涵是什么？为什么要积极参与全球经济治理？学习本课，我们将了解当前世界经济形势和中国扩大开放的新举措，理解积极参与全球经济治理的重要意义。

一、开放是当代中国的鲜明标识

1. 开放带来进步，封闭必然落后

阅读与思考

自古以来，中华民族就以“天下大同”“协和万邦”的宽广胸怀，自信而又大度地开展同域外民族交往和文化交流，曾经谱写了万里驼铃万里波的浩浩丝路长歌，也曾经创造了万国衣冠会长安的盛唐气象。正是这种“天行健，君子以自强不息”“地势坤，君子以厚德载物”的变革和开放精神，使中华文明成为人类历史上唯一一个绵延 5 000 多年至今未曾中断的灿烂文明。

从 18 世纪中叶到 19 世纪中叶，大概是 100 年时间，是工业革命发轫和蓬勃发展的时期，而当时清朝统治者闭关锁国、夜郎自大，失去了工业革命带来的发展机遇，导致我国经济技术进步大大落后于世界发展步伐。

- 上述材料说明了什么道理？

> 中国对外开放不会停滞，更不会走回头路。
>
> ——习近平

开放是当代中国的鲜明标识，是国家繁荣发展的必由之路。以开放促改革、促发展，是我国发展不断取得新成就的重要法宝。过去我国经济发展是在开放条件下取得的，未来我国经济发展也必须在更加开放的条件下进行。不管世界形势如何变化，我国坚持开放的目标不会变，扩大开放的决心不会变。

中国的发展离不开世界，世界的繁荣也需要中国。我国是全球共同开放的重要推动者，是世界经济增长的稳定动力源，是各国拓展商机的活力大市场，是全球治理改革的积极贡献者。在世界经济经历深刻调整变革之时，只有开放才能使不同国家相互受益、共同繁荣、持久发展。

相关链接

2018 年 11 月，世界上第一个以进口为主题的国家级展会——中国国际进口博览会在上海惊艳亮相。全球 172 个国家、地区和国际组织参会，3 600 多家企业参展，展览总面积达 30 万平方米，超过 40 万名境内外采购商到会洽谈采购。举办中国国际进口博览会，是中国着眼于推动新一轮高水平对外开放作出的重大决策，是中国主动向世界开放市场的重大举措。截至 2024 年 11 月，中国国际进口博览会已成功举办了七届。

首届中国国际进口博览会于 2018 年 11 月在上海国家会展中心举办

我国将坚定不移奉行互利共赢的开放战略，实行高水平的贸易和投资自由化便利化政策，推动形成陆海内外联动、东西双向互济的开放格局。展望未来，我国的改革不停顿、开放不止步，一定会有让世界刮目相看的新的更大奇迹。

2. 经济全球化趋势不可逆转

阅读与思考

随着经济全球化的不断深入，世界经济发展面临的风险和不确定性增加，个别国家出现单边主义、保护主义的倾向，有的甚至鼓吹“去全球化”。面对经济全球化发展中出现的“回头浪”，习近平在世界经济论坛2017年年会开幕式上的主旨演讲中指出：“世界经济的大海，你要还是不要，都在那儿，是回避不了的。想人为切断各国经济的资金流、技术流、产品流、产业流、人员流，让世界经济的大海退回到一个一个孤立的小湖泊、小河流，是不可能的，也是不符合历史潮流的。”

- 结合材料并联系实际，说一说为什么经济全球化是不可逆转的历史趋势。

当今世界经济的一个显著特征是商品、服务及技术、资金、劳务等要素，通过日益频繁的国际贸易、国际金融在全球范围内迅速流动和广泛配置，世界经济出现了高度融合的局面，这就是经济全球化。经济全球化主要表现为生产全球化、贸易全球化和金融全球化。

经济全球化是社会生产力发展的客观要求和科技进步的必然结果，是人类社会发展的必经之路，是不可阻挡的历史潮流。经济全球化为世界经济增长提供了强劲动力，促进了商品和资本流动、科技和文明进步、各国人民交往。当今世界已经成为你中有我、我中有你的地球村，各国逐渐形成利益共同体、责任共同体、命运共同体。总体而言，经济全球化符合经济规律，符合各方利益。

相关链接

经济全球化大致经历了三个阶段。一是殖民扩张和世界市场形成阶段。西方国家靠巧取豪夺、强权占领、殖民扩张，到第一次世界大战前基本完成了对世界的瓜分，世界各地区各民族都被卷入资本主义世界体系之中。二是两个平行世界市场阶段。第二次世界大战结束后，一批社会主义国家诞生，殖民地半殖民地国家纷纷独立，世界形成社会主义和资本主义两大阵营，在经济上则形成了两个平行的市场。三是经济全球化阶段。随着冷战结束，两大阵营对立局面不复存在，两个平行的市场随之不复存在，各国相互依存大幅加强，经济全球化快速发展演化。

与之相对应，我国同世界的关系也经历了三个阶段。一是从闭关锁国到半殖民地半封建阶段。我国先是在鸦片战争之前隔绝于世界市场和工业化大潮，接着在鸦片战争及以后的数次列强侵略战争中屡战屡败，成为积贫积弱的国家。二是“一边倒”和封闭半封闭阶段。新中国成立后，我们在向苏联“一边倒”和相对封闭的环境中艰辛探索社会主义建设之路。三是全方位对外开放阶段。改革开放以来，我们充分运用经济全球化带来的机遇，不断扩大对外开放，实现了我国同世界关系的历史性变革。

经济全球化并非万能灵药，也存在问题和不足。在全球化的背景下，不同国家和地区结成了你中有我、我中有你、一荣俱荣、一损俱损的关系。一个国家的经济波动可能殃及他国，甚至影响世界，酿成国际性的经济危机或金融危机。特别是当世界经济处于下行期的时候，全球经济“蛋糕”不容易做大，甚至变小了，增长和分配、资本和劳动、效率和公平的矛盾就会更加突出，发达国家和发展中国家都会感受到压力和冲击。

> 中国的发展是世界的机遇，中国是经济全球化的受益者，更是贡献者。
>
> ——习近平

面对经济全球化中遇到的问题和挑战，不能采取保护主义、单边主义措施，不能采取以邻为壑的自私做法。应该坚持合作共赢理念，充分利用一切机遇，合作应对一切挑战，引导好经济全球化走向，让发展成果公平惠及不同国家不同阶层不同人群。

相关链接

中美经贸关系事关两国人民根本利益，事关世界繁荣与稳定。2017 年以来，美国政府以加征关税等手段相威胁，频频挑起与主要贸易伙伴之间的经贸摩擦。2018 年 3 月以来，针对美国政府单方面发起的中美经贸摩擦，中国不得不采取有力应对措施，坚决捍卫国家和人民利益。同时，中国始终坚持通过对话协商解决争议的基本立场，与美国开展多轮经贸磋商，努力稳定双边经贸关系。中国的态度是一贯的、明确的。中美合则两利，斗则俱伤，合作是双方唯一正确的选择。对于两国经贸分歧和摩擦，中国愿意采取合作的方式加以解决，推动达成互利双赢的协议。但合作是有原则的，磋商是有底线的，在重大原则问题上中国决不让步。对于贸易战，中国不愿打，不怕打，必要时不得不打，这个态度一直没变。

启思导行

在经济全球化的历史大潮下，各国经济、文化等方面的交流大为加强，带来更多的机遇、更多的选择，人民的生活方式也在不断变化。

- 结合所学专业，说说经济全球化给你的学习、生活和未来职业发展带来哪些机遇和挑战。

二、实现更高水平的开放

1. "一带一路"倡议

阅读与思考

2 000 多年前，我们的先辈筚路蓝缕，穿越草原沙漠，开辟出联通亚欧非的陆上丝绸之路；我们的先辈扬帆远航，穿越惊涛骇浪，闯荡出连接东西方的海上丝绸之路。古丝绸之路打开了各国友好交往的新窗口，书写了人类发展进步的新篇章。中国陕西历史博物馆珍藏的千年"鎏金铜蚕"，在印度尼西亚发现的千年沉船"黑石号"等，见证了这段历史。

- 古丝绸之路有什么作用？对当前我国的对外交流有什么启发？

2013 年秋，习近平先后提出建设"丝绸之路经济带"和"21 世纪海上丝绸之路"的合作倡议。这一倡议就是要在"一带一路"建设国际合作框架内，各方携手应对世界经济面临的挑战，开创发展新机遇，谋求发展新动力，拓展发展新空间，实现优势互补、互利共赢，不断朝着人类命运共同体方向迈进。

> 共建"一带一路"追求的是发展，崇尚的是共赢，传递的是希望。
>
> ——习近平

相关链接

人类命运共同体，就是每个民族、每个国家的前途命运都紧紧联系在一起，应该风雨同舟，荣辱与共，努力把我们生于斯、长于斯的这个星球建成一个和睦的大家庭，把世界各国人民对美好生活的向往变成现实。

① 坚持对话协商，建设一个持久和平的世界。
② 坚持共建共享，建设一个普遍安全的世界。
③ 坚持合作共赢，建设一个共同繁荣的世界。
④ 坚持交流互鉴，建设一个开放包容的世界。
⑤ 坚持绿色低碳，建设一个清洁美丽的世界。

建设这样的美好世界，反映了人类社会的共同价值追求，汇聚了世界各国人民对和平、发展、繁荣向往的最大公约数。

"一带一路"倡议秉持和遵循共商共建共享原则，努力实现政策沟通、设施联通、贸易畅通、资金融通、民心相通，是发展的倡议、合作的倡议、开放的倡议。这一倡议的核心内涵，是促进基础设施建设和互联互通，加强经济政策协调和发展战略对接，促进协同联动发展，实现共同繁荣。

共建“一带一路”从夯基垒台、立柱架梁到落地生根、持久发展，已成为开放包容、互利互惠、合作共赢的国际合作平台，是国际社会普遍欢迎的全球公共产品。

相关链接

2017年5月，习近平在“一带一路”国际合作高峰论坛开幕式上指出，各国应该尊重彼此主权、尊严、领土完整，尊重彼此发展道路和社会制度，尊重彼此核心利益和重大关切，把“一带一路”建成和平之路；聚焦发展这个根本性问题，释放各国发展潜力，实现经济大融合、发展大联动、成果大共享，把“一带一路”建成繁荣之路；打造开放型合作平台，维护多边贸易体制，解决经济增长和平衡问题，把“一带一路”建成开放之路；坚持创新驱动发展，优化创新环境，集聚创新资源，把“一带一路”建成创新之路；以文明交流超越文明隔阂、文明互鉴超越文明冲突、文明共存超越文明优越，把“一带一路”建成文明之路。

“一带一路”倡议虽然源于中国，但机会和成果属于世界。共建“一带一路”是经济合作倡议，不是搞地缘政治联盟或军事同盟，不针对谁也不排除谁；是开放包容进程，不是要关起门来搞小圈子或者“中国俱乐部”；是中国同世界共享机遇、共谋发展的阳光大道，不以意识形态划界，不搞零和博弈。

2. 积极参与全球经济治理

阅读与思考

2015年11月，习近平在二十国集团领导人第十次峰会第一阶段会议上指出：“世界经济发展到今天，上一轮科技和产业革命所提供的动能已经接近尾声，传统经济体制和发展模式的潜能趋于消退。同时，发展不平衡问题远未解决，现有经济治理机制和架构的缺陷逐渐显现。这些因素导致世界经济整体动力不足，有效需求不振。其表象是增长乏力、失业率上升、债务高企、贸易和投资低迷、实体经济失速、金融杠杆率居高不下、国际金融和大宗商品市场波动等一系列问题。这就像一个人生了病，看起来是感冒发烧，但根子在身体机理出了问题。”

- 结合材料，举例说明我国为完善全球经济治理采取的措施。

党的十八大以来，中国倡导平等、开放、合作、共享的全球经济治理观，倡导共同走出一条公平、开放、全面、创新的发展之路，为解决全球发展面临的重大现实问题、完善全球经济治理提供重要理念指引。

相关链接

2016年9月，习近平在二十国集团工商峰会的主旨演讲中指出：面对世界经济形势的发展演变，全球经济治理需要与时俱进、因时而变。全球经济治理应该以平等为基础，更好反映世界经济格局新现实，增加新兴市场国家和发展中国家代表性和发言权，确保各国在国际经济合作中权利平等、机会平等、规则平等。

全球经济治理应该以开放为导向，坚持理念、政策、机制开放，适应形势变化，广纳良言，充分听取社会各界建议和诉求，鼓励各方积极参与和融入，不搞排他性安排，防止治理机制封闭化和规则碎片化。全球经济治理应该以合作为动力，全球性挑战需要全球性应对，合作是必然选择，各国要加强沟通和协调，照顾彼此利益关切，共商规则，共建机制，共迎挑战。全球经济治理应该以共享为目标，提倡所有人参与，所有人受益，不搞一家独大或者赢者通吃，而是寻求利益共享，实现共赢目标。

中国积极参与全球经济治理体系改革，为完善全球经济治理体系贡献力量。坚持平等协商、互利共赢，推动二十国集团等发挥国际经济合作功能。维护多边贸易体制，积极参与世界贸易组织改革，推动完善更加公正合理的全球经济治理体系。积极参与多双边区域投资贸易合作机制，推动新兴领域经济治理规则制定，提高参与国际金融治理能力。实施自由贸易区提升战略，构建面向全球的高标准自由贸易区网络。

启思导行

2014年5月，东部非洲有了第一条高速公路；2016年6月，乌兹别克斯坦中亚第一长隧道顺利通车；2017年5月，肯尼亚“世纪工程”蒙内铁路建成通车；2018年8月，马尔代夫有了第一座跨海大桥；截至2024年3月底，中欧班列已累计开行超8.7万列。这些成果的取得，都源自“一带一路”倡议。

蒙内铁路

中欧班列

● 结合所学知识，想一想“一带一路”倡议对于实现更高水平的开放有什么作用，并与同学分享。

内容概览

- 中国特色社会主义经济建设
  - 第 4 课 社会主义基本经济制度
    - 公有制为主体、多种所有制经济共同发展
      - 我国的生产资料所有制
      - 保证社会主义性质，不断解放和发展生产力
    - 按劳分配为主体、多种分配方式并存
      - 我国的分配制度
      - 调动各方面积极性，实现共同富裕
    - 社会主义市场经济体制
      - 用好“看不见的手”和“看得见的手”
      - 社会主义制度和市场经济的有机结合
  - 第 5 课 推动高质量发展
    - 建设社会主义现代化国家的战略导向
      - 立足新发展阶段
      - 贯彻新发展理念
      - 构建新发展格局
    - 实现高质量发展
      - 供给侧结构性改革
      - 建设现代化经济体系
      - 建设创新型国家
  - 第 6 课 推动形成全面对外开放新局面
    - 开放是当代中国的鲜明标识
      - 开放带来进步，封闭必然落后
      - 经济全球化趋势不可逆转
    - 实现更高水平的开放
      - “一带一路”倡议
      - 积极参与全球经济治理

学以致用

参与经济建设　成就出彩人生

▶活动目标

1. 了解社会主义基本经济制度的内涵，理解我国经济发展新特征。

2. 感悟社会主义基本经济制度的优越性。

3. 树立利用所学专业技能、经济知识服务社会、服务人民的远大理想，掌握投身新时代中国特色社会主义建设实践的知识和本领。

▶活动任务与建议

任务一：围绕“为什么要坚持‘两个毫不动摇’”，探讨公有制为主体、多种所有制经济共同发展这一社会主义经济制度的优越性

1. 可调研某项公共工程，了解该工程对当地经济发展和民生建设的重要影响，理解地方政府、国有企业在公共工程建设和管理中的重要作用，并撰写调研报告在班级交流分享，印证坚持公有制主体地位、发挥国有经济主导作用的重要性。

2. 选择当地一家有代表性的民营企业，通过实地调查或访谈，了解该企业的日常运营、发展前景、政府支持、人才需求等基本情况，理解民营企业对当地经济发展和就业等的重要作用。

3. 通过查阅资料、访谈专家、采访在混合所有制企业就业的毕业生等方式，了解混合所有制经济如何实现公有制经济与非公有制经济相互促进、共同发展，认识发展混合所有制经济的必要性和重要意义，在班级交流分享。

任务二：围绕“为什么‘两只手’优于‘一只手’”，探讨市场在资源配置中起决定性作用和更好发挥政府作用的道理

1. 阅读《习近平谈治国理政》（第一卷）中的篇目《“看不见的手”和“看得见的手”都要用好》，了解用好“两只手”的理论逻辑和主要工作，并制作演示文稿或手抄报，在班级展示。

2. 结合具体实例，探讨市场和政府在普通商品定价、奢侈品定价、医疗就业养老、基础设施建设、环境治理、自然灾害处理、公共卫生建设、应对经济危机、推动共同富裕等方面的职责和作用，加深对用好“两只手”的理解。

3. 调研市场上某项商品，了解影响商品生产、价格、销售、需求之间的相互关系等，探讨如何发挥市场在资源配置中的决定性作用，分析市场调节的局限性，就如何更好发挥政府作用提出合理建议。

▶活动评价

评价内容	评价人员	评价方式	评价维度						总结反思
			语言表达	问题分析	事件处理	成果呈现	个人状态	团队合作	

说明：

- 评价人员：本人、同学、家长、教师等。
- 评价方式：采用赋分评价、评语结论评价等。
- 评价维度：语言表达是否清晰准确，问题分析是否全面准确，事件处理是否恰当，成果呈现是否完整，个人状态是否积极，团队合作是否有效。
- 总结反思：从成效、改进措施等方面进行。

第三单元

中国特色社会主义政治建设

党的十八大以来，以习近平同志为核心的党中央团结带领全国各族人民全面发展全过程人民民主，新时代中国特色社会主义政治建设取得举世瞩目的成就。党中央权威和集中统一领导得到有力保证，党找到了自我革命这一跳出治乱兴衰历史周期率的第二个答案，人民当家作主制度体系更加健全，社会主义民主政治制度化、规范化、程序化全面推进，中国特色社会主义政治制度优越性得到更好发挥，生动活泼、安定团结的政治局面得到巩固和发展，激发和凝聚了中国人民奋斗新时代的磅礴力量。

通过本单元学习，我们将了解中国共产党的性质与宗旨，明白为什么必须坚持和加强党的全面领导；了解我国根本政治制度和基本政治制度的优越性；理解坚持党的领导、人民当家作主、依法治国有机统一的重要意义，懂得维护祖国统一和民族团结的重要性，明确有序参与政治生活的意义和途径。

第7课 党是最高政治领导力量

中国共产党是一个什么样的政党，在我们国家居于什么地位？为什么说坚持党的全面领导是坚持和发展中国特色社会主义的必由之路？学习本课，我们将对中国共产党有更深刻的认识，并理解为什么必须坚持和加强党的全面领导。

一、不忘初心、牢记使命

1. 党的性质和宗旨

阅读与思考

“我是谁，是什么样的人，也许你从来没有想过。我是离开最晚的那一个，我是开工最早的那一个，我是想到自己最少的那一个，我是坚守到最后的那一个，我是行动最快的那一个，我是牵挂大家最多的那一个。”公益广告《我是谁》用温暖朴实的镜头记录了普通平凡的身边人物故事：大学生、环卫工人、医生、交警、村干部等是他们的不同身份，但他们有一个共同的名字——共产党员。

- 《我是谁》镜头记录的中国共产党人，有哪些共同的特点和品格？

> 党是阶级的先进部队，是阶级的领导者和组织者，是整个运动及其根本和主要目的的代表。
>
> ——列宁

中国共产党是中国工人阶级的先锋队，同时是中国人民和中华民族的先锋队，是中国特色社会主义事业的领导核心，代表中国先进生产力的发展要求，代表中国先进文化的前进方向，代表中国最广大人民的根本利益。党的最高理想和最终目标是实现共产主义。

全心全意为人民服务是中国共产党的根本宗旨。党除了工人阶级和最广大人民群众的根本利益，没有任何自己特殊的利益，从来不代表任何利益集团、任何权势团体、任何特权阶层的利益。人民对美好生活的向往，就是中国共产党的奋斗目标。与人民风雨同舟、生死与共，始终保持血肉联系，是党战胜一切困难和风险的根本保证。

相关链接

张思德（版画）

张思德是一名普通的八路军战士。1944年9月5日，张思德和战友烧木炭时，由于土质松软加上雨水渗透，即将挖成的窑洞突然塌方。危难之际，张思德奋力将身边的战友推出窑洞，自己却不幸牺牲，时年29岁。9月8日，毛泽东在张思德的追悼会上，作了《为人民服务》的讲话，并亲笔题写了“向为人民利益而牺牲的张思德同志致敬”的挽词。“为人民服务”成为中国共产党人的“座右铭”。

立党为公、执政为民是中国共产党的执政理念。党的根基在人民、血脉在人民、力量在人民，人民是党执政兴国的最大底气。党始终牢记江山就是人民、人民就是江山，坚持一切为了人民、一切依靠人民，坚持为人民执政、靠人民执政，坚持发展为了人民、发展依靠人民、发展成果由人民共享，坚定不移走全体人民共同富裕道路。

2. 党的初心和使命

阅读与思考

“朋友，我相信，到那时，到处都是活跃跃的创造，到处都是日新月异的进步，欢歌将代替了悲叹，笑脸将代替了哭脸，富裕将代替了贫穷，康健将代替了疾苦，智慧将代替了愚昧，友爱将代替了仇杀，生之快乐将代替了死之悲哀，明媚的花园，将代替了凄凉的荒地！”1935年，方志敏在狱中撰写的《可爱的中国》，把中国比喻为“生育我们的母亲”，畅想当中国的面貌改造一新时，“我们民族就可以无愧色地立在人类的面前，而生育我们的母亲，也会最美丽地装饰起来，与世界上各位母亲平等地携手了”。如今，方志敏所描绘的“可赞美的光明前途”已经变成现实。

- 方志敏的事迹体现了中国共产党人什么样的初心和使命？

> 对共产主义的信仰，对中国特色社会主义的信念，是共产党人的政治灵魂，是共产党人经受住任何考验的精神支柱。
>
> ——习近平

为中国人民谋幸福，为中华民族谋复兴，是中国共产党人的初心和使命。这个初心和使命是激励中国共产党人不断前进的根本动力，是党的性质宗旨、理想信念、奋斗目标的集中体现。

从诞生那一天起，党始终践行初心使命，团结带领全国各族人民绘就了人类发展史上的壮美画卷，中华民族伟大复兴展现出前所未有的光明前景。党的百年奋斗从根本上改变了中国人民的前途命运，开辟了实现中华民族伟大复兴的正确道路，展示了马克思主义的强大生命力，深刻影响了世界历史进程，锻造了走在时代前列的中国共产党。

相关链接

中国共产党自成立以来，领导人民进行伟大奋斗，积累了宝贵的历史经验，这就是：坚持党的领导，坚持人民至上，坚持理论创新，坚持独立自主，坚持中国道路，坚持胸怀天下，坚持开拓创新，坚持敢于斗争，坚持统一战线，坚持自我革命。这些宝贵经验是党和人民共同创造的精神财富，必须倍加珍惜、长期坚持，并在新时代实践中不断丰富和发展。

> 过去的一切运动都是少数人的，或者为少数人谋利益的运动。无产阶级的运动是绝大多数人的，为绝大多数人谋利益的独立的运动。
>
> ——马克思、恩格斯

为什么人的问题，是检验一个政党、一个政权性质的试金石。人民是历史的创造者，是决定党和国家前途命运的根本力量，无产阶级政党是为绝大多数人谋利益的政党。只有不忘初心、牢记使命，党才能够始终得到人民拥护和支持，才能够始终立于不败之地。

共产党员重温入党誓词

启思导行

● 查找资料或者寻找身边那些坚持理想信念、保持崇高境界、坚守初心使命、敢于担当作为的优秀共产党员，了解其先进事迹，完成下表。

优秀党员姓名	入党时间	主要事迹	我们要学习的精神品格
焦裕禄	1946年1月	从1962年12月起，他带领兰考人民治理内涝、风沙、盐碱三害，终于改变了兰考县的面貌	◆“心中装着全体人民、唯独没有他自己”的公仆情怀 ◆凡事探求就里、“吃别人嚼过的馍没味道”的求实作风 ◆“敢教日月换新天”“革命者要在困难面前逞英雄”的奋斗精神 ◆艰苦朴素、廉洁奉公、“任何时候都不搞特殊化”的道德情操

二、坚持和加强党的全面领导

1. 中国共产党领导是中国特色社会主义最本质的特征

阅读与思考

第十三届全国人民代表大会第一次会议表决通过《中华人民共和国宪法修正案》

2018年3月，第十三届全国人民代表大会第一次会议经投票表决，高票通过了《中华人民共和国宪法修正案》。这次宪法修改的一个重大亮点，就是在宪法序言确定党的领导地位的基础上，在第一条第二款中增加了一句：“中国共产党领导是中国特色社会主义最本质的特征。”

● 结合历史和现实，谈谈你对“中国共产党领导是中国特色社会主义最本质的特征”的理解。

2020 年国庆期间，天安门广场上的“万众一心”大花篮

中国共产党领导是中国特色社会主义最本质的特征，是中国特色社会主义制度的最大优势，党是最高政治领导力量。党政军民学，东西南北中，党是领导一切的。坚持党的全面领导，是坚持和发展中国特色社会主义的必由之路。全面建设社会主义现代化国家、全面推进中华民族伟大复兴，关键在党。党的领导是战胜一切困难和风险的“定海神针”，是实现中华民族伟大复兴的根本保证。党的领导是党和国家的根本所在、命脉所在，是全国各族人民的利益所系、命运所系。

> 我国社会主义政治制度优越性的一个突出特点是党总揽全局、协调各方的领导核心作用，形象地说是“众星捧月”，这个“月”就是中国共产党。在国家治理体系的大棋局中，党中央是坐镇中军帐的“帅”，车马炮各展其长，一盘棋大局分明。
>
> ——习近平

中国特色社会主义制度是一个严密完整的科学制度体系，起四梁八柱作用的是根本制度、基本制度、重要制度，其中具有统领地位的是党的领导制度。党的领导制度是我国的根本领导制度。坚持党的集中统一领导，坚持党的科学理论，保持政治稳定，确保国家始终沿着社会主义方向前进，这是我国国家制度和国家治理体系的显著优势。

党的领导是全面的、系统的、整体的，坚持党中央集中统一领导是最高政治原则，保证党的团结统一是党的生命。新时代坚持和加强党的全面领导，必须坚决维护党中央权威，健全总揽全局、协调各方的党的领导制度体系，建立不忘初心、牢记使命的制度，完善坚定维护党中央权威和集中统一领导的各项制度，健全党的全面领导制度，健全为人民执政、靠人民执政各项制度，健全提高党的执政能力和领导水平制度，完善全面从严治党制度，把党的领导落实到国家治理各领域各方面各环节。

相关链接

坚决维护党中央权威和集中统一领导，把党的领导落实到党和国家事业各领域各方面各环节，使党始终成为风雨来袭时全体人民最可靠的主心骨，确保我国社会主义现代化建设正确方向，确保拥有团结奋斗的强大政治凝聚力、发展自信心，集聚起万众一心、共克时艰的磅礴力量。

2. 坚定不移全面从严治党

阅读与思考

党中央强调，我们党来自人民、植根人民、服务人民，一旦脱离群众就会失去生命力，全面从严治党必须从人民群众反映强烈的作风问题抓起。党中央发扬钉钉子精神，持之以恒纠治“四风”，反对特权思想和特权现象，狠刹公款送礼、公款吃喝、公款旅游、奢侈浪费等不正之风，解决群众反映强烈、损害群众利益的突出问题，推进基层减负，倡导勤俭节约、反对铺张浪费，刹住了一些过去被认为不可能刹住的歪风，纠治了一些多年未除的顽瘴痼疾，党风政风和社会风气为之一新。

- 查阅资料，列举党的十八大以来，中国共产党全面从严治党的具体举措。

中国共产党作为世界上最大的马克思主义执政党，要始终赢得人民拥护、巩固长期执政地位，必须时刻保持解决大党独有难题的清醒和坚定。全面从严治党是党永葆生机活力、走好新的赶考之路的必由之路。全面从严治党永远在路上，党的自我革命永远在路上，必须持之以恒推进全面从严治党，深入推进新时代党的建设新的伟大工程，以党的自我革命引领社会革命。

先进的马克思主义政党不是天生的，而是在不断自我革命中淬炼而成的。勇于自我革命是中国共产党区别于其他政党的显著标志。自我革命精神是党永葆青春活力的强大支撑。党历经百年沧桑更加充满活力，其奥秘就在于始终坚持真理、修正错误。只要不断清除一切损害党的先进性和纯洁性的因素，不断清除一切侵蚀党的健康肌体的病毒，就一定能够确保党不变

庆祝中华人民共和国成立 70 周年大会群众游行中的“从严治党”方阵

质、不变色、不变味，确保党在新时代坚持和发展中国特色社会主义的历史进程中始终成为坚强领导核心。

相关链接

2021 年 11 月，习近平在党的十九届六中全会第二次全体会议上的讲话中指出：“毛泽东同志讲：‘有无认真的自我批评，也是我们和其他政党互相区别的显著的标志之一。’正是因为具备这种独有的政治品格，我们党才能穿越百年风风雨雨，多次在危难之际重新奋起、失误之后拨乱反正，成为打不倒、压不垮的马克思主义政党。一个政党最难的就是历经沧桑而初心不改、饱经风霜而本色依旧。”

一代又一代中国共产党人，大多数都是在青年时代就满怀信仰和豪情加入了党组织，并为党和人民奋斗终身。党的队伍中始终活跃着怀抱崇高理想、充满奋斗精神的青年人，这是党历经百年风雨而始终充满生机活力的一个重要原因。新时代青年要深刻领悟“两个确立”的决定性意义，增强“四个意识”，坚定“四个自信”，做到“两个维护”，坚定不移听党话、跟党走，胸怀忧国忧民之心、爱国爱民之情，不断奉献祖国、奉献人民。

相关链接

◆ 两个确立：确立习近平同志党中央的核心、全党的核心地位，确立习近平新时代中国特色社会主义思想的指导地位。

◆ 四个意识：政治意识、大局意识、核心意识、看齐意识。

◆ 四个自信：中国特色社会主义道路自信、理论自信、制度自信、文化自信。

◆ 两个维护：坚决维护习近平总书记党中央的核心、全党的核心地位，坚决维护党中央权威和集中统一领导。

启思导行

● 看新闻，查资料，搜集能够体现“党是最高政治领导力量”的典型事例，在横线上简要描述，并与同学们分享。

____

____

____

第8课
用制度体系保证人民当家作主

我国的根本政治制度和基本政治制度是发展社会主义民主政治的制度保障，具有鲜明的中国特色和显著优势。人民代表大会制度、中国共产党领导的多党合作和政治协商制度、民族区域自治制度、基层群众自治制度，这些制度在国家政治生活中居于什么样的地位、发挥着什么样的功能？学习本课，我们将知道人民当家作主在社会主义中国是如何实现的，了解中国特色社会主义政治制度具有哪些独特的优势。

一、我国的国体与政体

1. 人民民主专政是我国的国体

阅读与思考

中国共产党党徽为镰刀和锤头组成的图案。

中华人民共和国国徽，中间是五星照耀下的天安门，周围是谷穗和齿轮。

- 党徽上的镰刀、锤头和国徽上的谷穗、齿轮分别代表什么？
- 为什么党徽和国徽上要设计这些元素？

我国是工人阶级领导的、以工农联盟为基础的人民民主专政的社会主义国家，国家的一切权力属于人民。人民民主专政是我国的国体，它明确规定了社会各阶级在国家中的地位，庄严宣示了我国国家政权的人民性质。

相关链接

1949 年，毛泽东发表《论人民民主专政》一文，总结中国共产党成立 28 年来领导民主革命的经验，阐明即将成立的中华人民共和国的性质，各阶级在国家政权中的地位以及新中国内政外交的基本政策，指出“对人民内部的民主方面和对反动派的专政方面，互相结合起来，就是人民民主专政”。

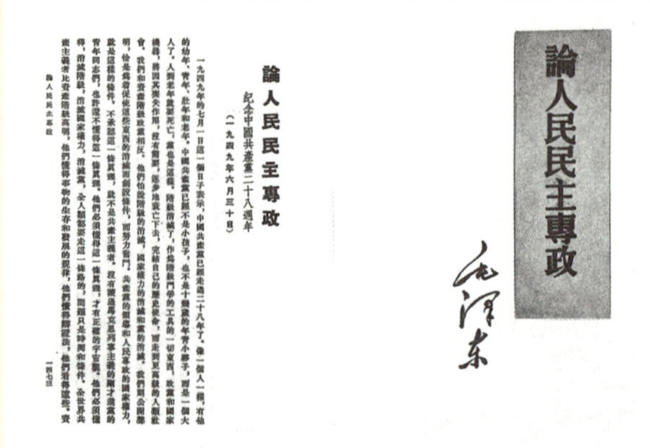

我国的国家政权坚持以工人阶级为领导，以工农联盟为基础。工人阶级是先进生产力的代表，具有严格的组织性和纪律性，是领导阶级，是中国革命和社会主义建设事业的中坚力量。知识分子是工人阶级的一部分。广大农民与工人阶级有着共同的利益和天然的联系，是工人阶级可靠的同盟军。工农联盟不仅是夺取新民主主义革命胜利的重要保证，也是社会主义事业发展的重要保证。

人民民主专政包含对广大人民实行民主和对少数敌人实行专政两个方面。人民民主专政的本质是人民当家作主，必须充分发扬社会主义民主，体现人民意志、保障人民权益、激发人民创造活力，用制度体系保证人民当家作主。在我国，剥削阶级作为阶级已经消灭，但是阶级斗争还将在一定范围内长期存在。中国人民对敌视和破坏我国社会主义制度的国内外的敌对势力和敌对分子，必须进行斗争。人民民主专政的国家政权担负着对极少数敌对分子实行专政，维护国内正常社会秩序，抵御国外敌对势力侵略和颠覆活动的历史任务。

相关链接

1945 年 7 月，民主人士黄炎培访问延安时，与毛泽东在窑洞中有一段著名的对话。当黄炎培提出如何跳出“其兴也勃焉，其亡也忽焉”的历史周期率时，毛泽东说，我们已经找到新路，就是民主；只有让人民来监督政府，政府才不敢松懈；只有人人起来负责，才不会人亡政息。

2. 人民代表大会制度是我国的根本政治制度

阅读与思考

第十四届全国人民代表大会第一次会议议程

1. 审议政府工作报告
2. 审查2022年国民经济和社会发展计划执行情况与2023年国民经济和社会发展计划草案的报告、2023年国民经济和社会发展计划草案
3. 审查2022年中央和地方预算执行情况与2023年中央和地方预算草案的报告、2023年中央和地方预算草案
4. 审议全国人民代表大会常务委员会关于提请审议《中华人民共和国立法法（修正草案）》的议案
5. 审议全国人民代表大会常务委员会工作报告
6. 审议最高人民法院工作报告
7. 审议最高人民检察院工作报告
8. 审议国务院机构改革方案
9. 选举和决定任命国家机构组成人员

- 结合议程，说说全国人民代表大会的地位和职权。

人民代表大会制度是与我国人民民主专政的国体相适应的政权组织形式，是我国的政体，是支撑中国国家治理体系和治理能力的根本政治制度。人民代表大会制度按照民主集中制原则，由人民通过行使选举权定期选举出自己的代表，组成各级人民代表大会，各级人民代表大会代表人民的意志、根据人民的利益统一行使国家权力，决定全国和各级地方的一切重大事务。

人民代表大会制度突出强调权为民所赋，最充分地体现了社会主义国家的本质要求，在我国政治制度体系中居于核心地位。人民代表大会代表人民统一行使国家权力，全国人民代表大会是最高国家权力机关，地方人民代表大会是地方国家权力机关。各级国家行政机关、监察机关、审判机关、检察机关都由人民代表大会产生，对人大负责、受人大监督。人民代表大会有立法权、监督权、决定权、任免权。

立法权： 修改宪法；制定和修改刑事、民事、国家机构的和其他的基本法律。

决定权： 审查和批准国民经济和社会发展计划和计划执行情况的报告；审查和批准国家的预算和预算执行情况的报告；改变或者撤销全国人民代表大会常务委员会不适当的决定；批准省、自治区和直辖市的建置；决定特别行政区的设立及其制度；决定战争和和平的问题。

监督权： 监督宪法的实施；监督国家行政机关、监察机关、审判机关、检察机关的运行。

任免权： 选举中华人民共和国主席、副主席；根据中华人民共和国主席的提名，决定国务院总理的人选；根据国务院总理的提名，决定国务院副总理、国务委员、各部部长、各委员会主任、审计长、秘书长的人选；选举中央军事委员会主席；根据中央军事委员会主席的提名，决定中央军事委员会其他组成人员的人选；选举国家监察委员会主任；选举最高人民法院院长；选举最高人民检察院检察长；有权对上述国家机关领导人予以罢免。

在中国实行人民代表大会制度，是中国人民在人类政治制度史上的伟大创造，是深刻总结近代以后中国政治生活惨痛教训得出的基本结论，是中国社会100多年激越变革、激荡发展的历史结果，是中国人民翻身作主、掌握自己命运的必然选择。实践证明，人民代表大会制度是符合中国国情和实际、体现社会主义国家性质、保证人民当家作主、保障实现中华民族伟大复兴的好制度。

> 在新的奋斗征程上，必须充分发挥人民代表大会制度的根本政治制度作用，继续通过人民代表大会制度牢牢把国家和民族前途命运掌握在人民手中。这是时代赋予我们的光荣任务。
>
> ——习近平

启思导行

人大代表来自人民，肩负人民的重托，应模范遵守宪法和法律，努力为人民服务并自觉接受人民的监督。

- 查阅《中华人民共和国全国人民代表大会和地方各级人民代表大会选举法》《全国人民代表大会常务委员会关于县级以下人民代表大会代表直接选举的若干规定》等法律法规，说说我国各级人大代表是如何选举产生的。

二、我国的基本政治制度

1. 中国共产党领导的多党合作和政治协商制度

阅读与思考

如果把西方的政党制度比喻为“拳击赛”，每个政党的目的都是要把对方打倒；那么我们中国的政党制度则好比“大合唱”，大家齐心协力干成一项事业。大合唱要有指挥，这个指挥就是中国共产党。大合唱要有主旋律，这个主旋律就是中国特色社会主义。

- 结合材料并联系实际，说说我国政党制度的特点。

中国共产党领导的多党合作和政治协商制度是我国的一项基本政治制度。在中国，除了中国共产党，还有八个民主党派。在人民民主的共同旗帜下，中国共产党和各民主党派奉行“长期共存、互相监督、肝胆相照、荣辱与共”的方针，形成了具有鲜明中国特色和显著优势的新型政党制度。

中国共产党是执政党，各民主党派是接受中国共产党领导、同中国共产党亲密合作的参政党，是中国共产党的好参谋、好帮手、好同事。中国共产党和各民主党派都以宪法为根本活动准则，是通力合作、共同致力于社会主义事业的亲密友党。

相关链接

我国八个民主党派的相关信息

名称	成立时间	主要成员
中国国民党革命委员会（简称民革）	1948年1月	同原中国国民党有关系的人士、同民革有历史联系和社会联系的人士、同台湾各界有联系的人士、社会和法制专业人士、农业农村农民工作研究领域专业人士
中国民主同盟（简称民盟）	1941年3月	主要由从事文化教育以及科学技术工作的高、中级知识分子组成
中国民主建国会（简称民建）	1945年12月	主要由经济界人士以及相关的专家学者组成
中国民主促进会（简称民进）	1945年12月	以从事教育文化出版传媒以及相关的科学技术领域工作的高、中级知识分子为主
中国农工民主党（简称农工党）	1930年8月	以医药卫生、人口资源和生态环境以及相关的科学技术、教育领域高、中级知识分子为主
中国致公党	1925年10月	以归侨、侨眷中的中上层人士和其他有海外关系的代表性人士为主
九三学社	1946年5月	以科学技术界高、中级知识分子为主
台湾民主自治同盟（简称台盟）	1947年11月	由台湾省人士为主组成

> 我们必须把人民政协制度坚持好、把人民政协事业发展好，增强开展统一战线工作的责任担当，把更多的人团结在党的周围。
>
> ——习近平

中国共产党的领导是多党合作和政治协商的首要前提与根本保证。中国共产党对各民主党派、无党派人士的领导，主要是政治领导，即政治原则、政治方向和重大方针政策的领导，中国共产党支持各民主党派、无党派人士独立自主地开展工作，充分履行职能、积极发挥作用。民主党派参加国家政权，参与重要方针政策、重要领导人选的协商，参与国家事务的管理，参与国家方针政策、法律法规的制定和执行。民主党派的参政地位和参政权利受宪法保护，这是人民民主的重要体现。

中国共产党领导的多党合作和政治协商制度，有效避免了旧式政党制度只能代表少数人、少数利益集团的弊端，有效避免了一党缺乏监督或者多党轮流坐庄、恶性竞争的弊端，有效避免了旧式政党制度囿于党派利益、阶级利益、区域和集团利益决策施政导致社会撕裂的弊端。这一具有鲜明中国特色的政治制度展现出强大的生命力和显著的优越性。

2. 民族区域自治制度

阅读与思考

中华人民共和国是全国各族人民共同缔造的统一的多民族国家，各民族都是中华民族大家庭的成员。根据统一的多民族国家的历史传统，“大杂居、小聚居、相互交错”的民族分布特点，以及各民族在长期奋斗中形成的相互依存的民族关系，我国实行民族区域自治制度。

- 什么是民族区域自治制度？我国为什么要实行民族区域自治？

民族区域自治制度是在国家统一领导下，在各少数民族聚居的地方设立自治机关，依法行使自治权的制度。民族区域自治制度是我国的一项基本政治制度，是中国特色解决民族问题的正确道路的重要内容和制度保障。

相关链接

《中华人民共和国民族区域自治法》规定，各少数民族聚居的地方实行区域自治。民族自治地方分为自治区、自治州、自治县。民族自治地方的自治机关在行使一般地方国家机关职权的同时，依法行使自治权，根据本地方的实际情况贯彻执行国家的法律、政策。民族自治地方内其他少数民族聚居的地方，建立相应的自治地方或者民族乡。

我国民族区域自治是在国家统一领导下的自治，各民族自治地方是国家不可分割的组成部分，民族自治机关必须服从中央的领导。民族区域自治不是某个民族独享的自治，民族自治地方更不是某个民族独有的地方。要坚持统一和自治相结合、民族因素和区域因素相结合。

> 我们要坚持和完善民族区域自治制度，巩固平等团结互助和谐的社会主义民族关系，促进各民族和睦相处、和衷共济、和谐发展，切实防止出现民族隔阂、民族冲突的现象。
>
> ——习近平

民族区域自治制度，既保证了国家团结统一，又实现了各民族共同当家作主。这一制度符合我国国情，在维护祖国统一和领土完整、加强民族平等团结、促进民族地区发展、增强中华民族凝聚力等方面都起到了重要作用。

3. 基层群众自治制度

阅读与思考

◆ 某村召开村民会议，讨论修路事宜。应到会 120 人，实到会 113 人，108 人赞成，由于多数村民支持，修路工作不到一星期就启动了。

◆ 某小区举办迎新春活动，居委会组织社区志愿者教居民编中国结、写“福”字，大家一起热热闹闹迎新春，共创和谐社区。

● 你所在的社区（村）开展过哪些类似的活动？这些活动有什么特点？

基层群众自治制度是我国的一项基本政治制度，是社会主义民主政治建设的基础和重要组成部分。基层群众自治制度是党领导人民群众在城乡社区治理、基层公共事务和公益事业中依法自我管理、自我服务、自我教育、自我监督，推动基层直接民主的新创造、新实践。

> 我们要坚持和完善基层群众自治制度，发展基层民主，保障人民依法直接行使民主权利，切实防止出现人民形式上有权、实际上无权的现象。
>
> ——习近平

党坚持健全基层党组织领导的基层群众自治机制，加强基层组织建设，完善基层直接民主制度体系和工作体系，拓宽基层各类群体有序参与基层治理渠道，保障人民依法管理基层公共事务和公益事业。

相关链接

城市的居民委员会协调会制度、听证会制度、评议会制度、居民来访制度、居委会报告制度等，农村的村民委员会选举、村民会议和代表会议、村民民主管理和民主监督等方式方法，充分保障基层群众享有更多、更切实的民主权利。企事业单位普遍建立以职工代表大会为基本形式，以厂务公开制度、职工董事制度、职工监事制度为主要内容的民主管理制度，维护职工合法权益。

基层群众自治制度增强了基层群众的民主意识和民主能力，培养了基层群众的民主习惯，充分彰显了中国民主的广泛性和真实性。实践证明，基层群众自治制度是充满活力、独具特色、符合国情的好制度。

启思导行

人民当家作主制度体系的优越性体现在：

能够有效保证人民享有更加广泛、更加充实的权利和自由，保证人民广泛参加国家治理和社会治理。

能够有效调节国家政治关系，发展充满活力的政党关系、民族关系、宗教关系、阶层关系、海内外同胞关系，增强民族凝聚力，形成安定团结的政治局面。

能够集中力量办大事，有效促进社会生产力解放和发展，促进现代化建设各项事业，促进人民生活质量和水平不断提高。

能够有效维护国家独立自主，有力维护国家主权、安全、发展利益，维护中国人民和中华民族的福祉。

● 结合本课所学，从我国基本政治制度中任选一项制度，谈谈它是如何体现上述优越性的。

第9课
发展社会主义民主政治

什么是全过程人民民主？为什么必须走符合中国国情的政治发展道路？为什么必须坚持和完善“一国两制”，推进祖国统一？为什么必须铸牢中华民族共同体意识？学习本课，我们将理解全过程人民民主的优越性，理解坚持党的领导、人民当家作主、依法治国有机统一是社会主义政治发展的必然要求，坚定走中国特色社会主义政治发展道路的自信，懂得自觉维护祖国统一和民族团结的重要性。

一、发展全过程人民民主

1. 全过程人民民主是社会主义民主政治的本质属性

阅读与思考

2019年11月，习近平在上海长宁区虹桥街道古北市民中心考察社区治理和服务情况。市民中心内，一场别开生面的法律草案意见建议征询会正在进行。习近平同参加征询会的居民亲切交谈，详细询问法律草案的意见征集工作情况。习近平强调，人民民主是一种全过程的民主，所有的重大立法决策都是依照程序、经过民主酝酿，通过科学决策、民主决策产生的。

- 结合生活中的事例，谈谈你对“人民民主是一种全过程的民主”的理解。

我国的社会主义民主是全过程人民民主。人民民主是社会主义的生命，是全面建设社会主义现代化国家的应有之义。全过程人民民主是社会主义民主政治的本质属性，实现了过程民主和成果民主、程序民主和实质民主、直接民主和间接民主、人民民主和国家意志相统一，是全链条、全方位、全覆盖的民主，是最广泛、最真实、最管用的民主。

一张珍贵的1953年选民证

全过程人民民主具有完整的制度程序和参与实践。在我国，国家各项制度都是围绕人民当家作主构建的，国家治理体系都是围绕实现人民当家作主运转的，这些制度程序，形成了全面、广泛、有机衔接的人民当家作主制度体系，构建了多样、畅通、有序的民主渠道。全体人民依法实行民主选举、民主协商、民主决策、民主管理、民主监督，依法通过各种途径和形式管理国家事务，管理经济和文化事业，管理社会事务。

相关链接

一个国家民主不民主，关键在于是不是真正做到了人民当家作主，要看人民有没有投票权，更要看人民有没有广泛参与权；要看人民在选举过程中得到了什么口头许诺，更要看选举后这些承诺实现了多少；要看制度和法律规定了什么样的政治程序和政治规则，更要看这些制度和法律是不是真正得到了执行；要看权力运行规则和程序是否民主，更要看权力是否真正受到人民监督和制约。

2015 年 3 月，福建省莆田市荔城区后黄村村民在古民居“流转”村民监督讨论会上举牌表决

协商民主是实践全过程人民民主的重要形式。有事好商量，众人的事情由众人商量，找到全社会意愿和要求的最大公约数，是人民民主的真谛。协商民主，就是在中国共产党领导下，人民内部各方面围绕重大问题和涉及群众切身利益的实际问题，在决策之前和决策实施之中开展广泛协商，努力形成共识。在我国，人民通过选举、投票行使权利和人民内部各方面在重大决策之前进行充分协商，尽可能就共同性问题取得一致意见，是社会主义民主的两种重要形式。

全过程人民民主，是中国共产党团结带领人民追求民主、发展民主、实现民主的伟大创造，是党不断推进中国民主理论创新、制度创新、实践创新的经验结晶，是坚持党的本质属性、践行党的根本宗旨的必然要求。

2. 坚持走中国特色社会主义政治发展道路

阅读与思考

2014年10月　党的十八届四中全会提出完善社会主义市场经济法律制度，编纂民法典。这一重大立法任务是以习近平同志为核心的党中央作出的重大法治建设部署。

2015年3月　全国人大常委会法制工作委员会启动民法典编纂工作。

2017年3月　十二届全国人大五次会议审议通过民法总则。

2019年12月　全国人大常委会审议了由民法总则与经过常委会审议和修改完善的民法典各分编草案合并形成的民法典草案，并决定将民法典草案提请十三届全国人大三次会议审议。

2020年5月　十三届全国人大三次会议表决通过了《中华人民共和国民法典》，这部法律自2021年1月1日起施行。

民法典草案编纂过程中，先后10次通过中国人大网公开征求意见，累计收到42.5万人提出的102万条意见和建议。2020年全国两会期间，根据各方面意见，又做了100余处修改，其中实质性修改40余处。

- 民法典的制定过程是如何体现党的领导、人民当家作主和依法治国有机统一的？

以什么样的思路来谋划和推进中国社会主义民主政治建设，在国家政治生活中具有管根本、管全局、管长远的作用。古今中外，由于政治发展道路选择错误而导致社会动荡、国家分裂、人亡政息的例子比比皆是。中国是一个发展中大国，坚持正确的政治发展道路更是关系根本、关系全局的重大问题。

世界上不存在完全相同的政治制度，也不存在适用于一切国家的政治制度模式。照抄照搬他国政治制度行不通，甚至会把国家前途命运葬送掉。设计和发展国家政治制度，要坚持从国情出发、从实际出发，不能割断历史，不能想象突然就搬来一座政治制度上的“飞来峰”。中国特色社会主义政治发展道路，是近代以来中国人民长期奋斗历史逻辑、理论逻辑、实践逻辑的必然结果，是中国共产党和中国人民的伟大创造。

各国国情不同，每个国家的政治制度都是独特的，都是由这个国家的人民决定的，都是在这个国家历史传承、文化传统、经济社会发展的基础上长期发展、渐进改进、内生性演化的结果。

——习近平

发展全过程人民民主，必须坚定不移走中国特色社会主义政治发展道路，坚持党的领导、人民当家作主、依法治国有机统一。党的领导是人民当家作主和依法治国的根本保证，人民当家作主是社会主义民主政治的本质特征，依法治国是党领导人民治理国家的基本方式，三者是相辅相成的有机整体，统一于我国社会主义民主政治伟大实践。

相关链接

全面依法治国最广泛、最深厚的基础是人民，要把体现人民利益、反映人民愿望、维护人民权益、增进人民福祉落实到全面依法治国的各领域全过程，依法保障人民平等参与、平等发展权利，发展更加广泛、更加充分、更加健全的全过程人民民主。要始终坚持法治为了人民、依靠人民、造福人民、保护人民，努力让人民群众在每一项法律制度、每一个执法决定、每一宗司法案件中都感受到公平正义，以法治力量更好保障人民群众的获得感、幸福感、安全感。

启思导行

民主不是装饰品，不是用来做摆设的，而是用来解决问题的。在西方所谓的民主国家里，人民往往只有在投票时被唤醒、投票后就进入休眠期，只有竞选时聆听天花乱坠的口号、竞选后就毫无发言权，只有拉票时受宠、选举后就被冷落，这样的民主不是真正的民主。

- 结合材料，对比西式民主的局限性，谈谈我国社会主义民主政治的优越性，写在下面的横线上。

____

____

____

____

____

二、维护祖国统一和民族团结

1. 坚持和完善"一国两制"，推进祖国统一

阅读与思考

"我离开你的襁褓太久了，母亲！""我天天数着归宁的吉日"……一组《七子之歌》倾诉了近代以来被掳去的香港、澳门等游子"失养于祖国"的悲哀之情，唱出了他们对祖国母亲的无限眷恋，也激励着一代代中华儿女立志振兴中华，完成祖国统一大业。1997年、1999年，香港、澳门先后回到祖国母亲怀抱，走上同祖国共同发展、永不分离的宽广道路。

香港景色

澳门景色

- 香港和澳门是在什么方针下回归祖国的？
- 香港和澳门回归祖国后为什么能取得巨大的发展成就？

"一国两制"就是在统一的国家之内，国家主体实行社会主义制度，个别地区依法实行资本主义制度。"一国两制"是党领导人民实现祖国和平统一的一项重要制度，是国家的一项基本国策，是中国特色社会主义的伟大创举。

"一国两制"构想首先成功地运用于解决香港、澳门问题。香港、澳门回归祖国后，重新纳入国家治理体系，走上了同祖国内地优势互补、共同发展的宽广道路，"一国两制"实践取得举世公认的成功。事实证明，"一国两制"是解决历史遗留的香港、澳门问题的最佳方案，也是香港、澳门回归后保持长期繁荣稳定的最佳制度安排，是完全行得通、办得到、得人心的，是有强大生命力的。

相关链接

香港特别行政区区旗是五星花蕊的紫荆花红旗。红旗代表祖国，紫荆花代表香港，寓意香港是祖国不可分割的一部分，香港在祖国怀抱中兴旺发达。花蕊上的五角星体现了香港同胞热爱祖国，红白两色体现“一国两制”的精神。

澳门特别行政区的区旗是绘有五星、莲花、大桥、海水图案的绿色旗帜。其中，五星代表统一的中国，三朵含苞待放的白莲花象征澳门是由三个岛组成的吉祥之地，绿色代表祖国大地。

“一国两制”方针是一个完整的体系。“一国”是实行“两制”的前提和基础，“两制”从属和派生于“一国”，并统一于“一国”之内。维护国家主权、安全、发展利益是“一国两制”方针的最高原则。我国是单一制国家，中央对包括香港、澳门特别行政区在内的所有地方行政区域拥有全面管治权。坚持“爱国者治港”“爱国者治澳”，把特别行政区管治权牢牢掌握在爱国者手中，这是事关国家主权、安全、发展利益，事关香港、澳门长期繁荣稳定的根本原则，是保证香港、澳门长治久安的必然要求，任何时候都不能动摇。

相关链接

2020 年 6 月，十三届全国人大常委会第二十次会议表决通过《中华人民共和国香港特别行政区维护国家安全法》，并将其列入香港基本法附件三。这部法律第六条规定：“在香港特别行政区的任何机构、组织和个人都应当遵守本法和香港特别行政区有关维护国家安全的其他法律，不得从事危害国家安全的行为和活动。”2021 年 3 月，十三届全国人大四次会议通过《全国人民代表大会关于完善香港特别行政区选举制度的决定》，明确要求“确保以爱国者为主体的‘港人治港’”。

解决台湾问题、实现祖国完全统一，是中国共产党矢志不渝的历史任务，是全体中华儿女的共同愿望，是实现中华民族伟大复兴的必然要求。“和平统一、一国两制”是解决台湾问题的基本方针，是实现国家统一的最佳方式，对两岸同胞和中华民族最有利。一个中国原则是两岸关系的政治基础。体现一个中国原则的“九二共识”明确界定了两岸关系的根本性质，是确保两岸关系和平发展的关键。“一国两制”在台湾的具体实现形式，会充分考虑台湾现实情况，会充分吸收两岸各界意见和建议，会充分照顾到台湾同胞的利益和感情。两岸同胞同根同源、同文同种，是命运与共的骨肉兄弟，是血浓于水的一家人。亲人之间，没有解不开的心结。久久为功，必定能达到两岸同胞心灵契合。

相关链接

1987 年年底，长达 38 年的两岸隔绝状态被打破，两岸人员往来和经济文化交流逐步展开。在此基础上，党中央稳步推进海峡两岸关系的发展。1992 年 3 月，海峡两岸关系协会与台湾海峡交流基金会开始进行事务性商谈。1992 年 11 月，双方就如何表述坚持一个中国原则的问题，达成“海峡两岸同属一个中国，共同努力谋求国家统一”的共识，后被称为“九二共识”。

面对“台独”势力分裂活动和外部势力干涉台湾事务的严重挑衅，我们坚决开展反分裂、反干涉重大斗争，展示了我们维护国家主权和领土完整、反对“台独”的坚强决心和强大能力，进一步掌握了实现祖国完全统一的战略主动，进一步巩固了国际社会坚持一个中国的格局。我们坚持以最大诚意、尽最大努力争取和平统一的前景，但决不承诺放弃使用武力，保留采取一切必要措施的选项，这针对的是外部势力干涉和极少数“台独”分裂分子及其分裂活动，绝非针对广大台湾同胞。台湾问题因民族弱乱而产生，必将随着民族复兴而解决。国家统一、民族复兴的历史车轮滚滚向前，祖国完全统一一定要实现，也一定能够实现。

> “台独”分裂是祖国统一的最大障碍，是民族复兴的严重隐患。凡是数典忘祖、背叛祖国、分裂国家的人，从来没有好下场，必将遭到人民的唾弃和历史的审判！
>
> ——习近平

2. 铸牢中华民族共同体意识

阅读与思考

“五十六个民族五十六朵花，朵朵（哟哪个）开在（吔）阳光下，党把雨露洒下来哎，万紫千红放光华啰，就像是连根的树开出并蒂花，开出并蒂花啰哎，同为祖国增春光啰哎，装点江山美如画啰哎……”这首《五十六个民族五十六朵花》是创作于 20 世纪 80 年代的爱国歌曲，深受全国各族人民的喜爱。

- 你还知道哪些反映民族大团结的歌曲？
- 这些歌曲反映了我国各民族之间怎样的关系？

中国是统一的多民族国家，在我国960多万平方公里的土地上，生活着56个民族。我们辽阔的疆域是各民族共同开拓的，悠久的历史是各民族共同书写的，灿烂的文化是各民族共同创造的，伟大的精神是各民族共同培育的。一部中国史，就是一部各民族交融汇聚成多元一体中华民族的历史，就是各民族共同缔造、发展、巩固统一的伟大祖国的历史。

中华民族是我国所有民族凝聚形成的命运共同体，汉族离不开少数民族，少数民族离不开汉族，各少数民族之间也相互离不开。民族团结是我国各族人民的生命线，中华民族共同体意识是国家统一之基、民族团结之本、精神力量之魂。各族人民亲如一家，是中华民族伟大复兴必定要实现的根本保证。

庆祝中华人民共和国成立70周年大会群众游行中的“民族团结”方阵

铸牢中华民族共同体意识，就是要引导各族人民牢固树立休戚与共、荣辱与共、生死与共、命运与共的共同体理念。只有铸牢中华民族共同体意识，才能增进各民族对中华民族的自觉认同，夯实我国民族关系发展的思想基础，推动中华民族成为认同度更高、凝聚力更强的命运共同体。要巩固和发展平等团结互助和谐的社会主义民族关系，推动各民族树立正确的国家观、历史观、民族观、文化观、宗教观，增强国家意识、公民意识、法治意识，坚定对伟大祖国、中华民族、中华文化、中国共产党、中国特色社会主义的高度认同，促进各民族在中华民族大家庭中像石榴籽一样紧紧抱在一起，共同建设伟大祖国，共同创造美好生活。

启思导行

2024年9月，在全国民族团结进步表彰大会上，352个模范集体、368名模范个人受到表彰。

- 查阅资料，了解受表彰的集体和个人在促进民族团结进步方面作出的贡献。
- 说一说我们能为民族团结做些什么。

内容概览

- 中国特色社会主义政治建设
  - 第 7 课 党是最高政治领导力量
    - 不忘初心、牢记使命
      - 党的性质和宗旨
      - 党的初心和使命
    - 坚持和加强党的全面领导
      - 中国共产党领导是中国特色社会主义最本质的特征
      - 坚定不移全面从严治党
  - 第 8 课 用制度体系保证人民当家作主
    - 我国的国体与政体
      - 人民民主专政是我国的国体
      - 人民代表大会制度是我国的根本政治制度
    - 我国的基本政治制度
      - 中国共产党领导的多党合作和政治协商制度
      - 民族区域自治制度
      - 基层群众自治制度
  - 第 9 课 发展社会主义民主政治
    - 发展全过程人民民主
      - 全过程人民民主是社会主义民主政治的本质属性
      - 坚持走中国特色社会主义政治发展道路
    - 维护祖国统一和民族团结
      - 坚持和完善“一国两制”，推进祖国统一
      - 铸牢中华民族共同体意识

学以致用

在党的领导下依法有序参与政治生活

▶活动目标

1. 了解我国根本政治制度和基本政治制度的运作方式，了解人民行使民主权利、进行政治参与的原则、途径和渠道，明白参与政治生活是我国宪法规定的公民享有的基本权利，也是公民应当履行的义务。

2. 感悟党的领导、人民当家作主和依法治国的有机统一，领悟我国社会主义政治制度的优越性，坚定走中国特色社会主义政治发展道路的信念和信心。

3. 树立国家主人翁意识，坚决拥护中国共产党的领导，听党话、跟党走，遵守宪法和法律，观察和分析国家政治生活和社会生活中的现象，自觉有序参与政治生活，依法行使人民当家作主的权利。

▶活动任务与建议

任务一：围绕“为什么没有中国共产党的领导，民族复兴必然是空想”，探讨中国共产党的领导是历史和人民的选择

1. 可参观烈士陵园、革命圣地、革命旧址、革命历史展览馆等爱国主义教育基地，领悟中国共产党是中国工人阶级的先锋队，同时是中国人民和中华民族的先锋队。

2. 可观看相关影视作品，或到图书馆、档案馆查阅有关文献，交流对“没有共产党就没有新中国”的体会。

3. 可选择一位党员开展“不忘初心、牢记使命”的访谈，并整理形成党员的奋斗故事，从中汲取一代又一代中国共产党人为共产主义理想而奋斗的精神力量。

任务二：围绕“如何当好国家的主人翁”，体会全过程人民民主是最广泛、最真实、最管用的民主，探究人民行使民主权利的内容和方式

1. 可走访所在地区人大代表，了解他们履行职责的经验，形成访谈报告，分析人大代表产生的过程、活动方式和主要职责，探讨人民代表大会与其他国家机关的关系。

2. 可针对校园或社会热点问题举行“假如我是人大代表”演讲会，理解人大代表的作用，感受人大代表的职责。

3. 与同学合作调查所在地区存在的民生问题，试着学习政协委员完成一份“提案”，体会协商民主的特点和作用。“提案”需包含以下内容。

提出提案的理由：____

____

____

提出提案的依据：____

____

____

具体建议：____

____

____

任务三：围绕“坚定政治发展道路自信”，体会党的领导、人民当家作主和依法治国的有机统一，探讨我国政治制度的优越性

1. 可搜集相关资料，了解我国的国家领导人是如何依法产生的，在班级交流分享。

2. 可搜集相关资料，绘制“十四五”规划的编制流程图，了解有哪些主体参与“十四五”规划的编制。

▶活动评价

评价内容	评价人员	评价方式	评价维度						总结反思
			语言表达	问题分析	事件处理	成果呈现	个人状态	团队合作	

说明：

- 评价人员：本人、同学、家长、教师等。
- 评价方式：采用赋分评价、评语结论评价等。
- 评价维度：语言表达是否清晰准确，问题分析是否全面准确，事件处理是否恰当，成果呈现是否完整，个人状态是否积极，团队合作是否有效。
- 总结反思：从成效、改进措施等方面进行。

第四单元 中国特色社会主义文化建设

文化是一个国家、一个民族的灵魂。我国坚持以社会主义核心价值观引领文化建设，坚持把马克思主义基本原理同中华优秀传统文化相结合，坚持以人民为中心的工作导向，举旗帜、聚民心、育新人、兴文化、展形象，牢牢掌握意识形态工作领导权，繁荣发展中国特色社会主义文化，不断提高国家文化软实力，增强中华文化影响力，发挥文化引领风尚、教育人民、服务社会、推动发展的作用。

通过本单元学习，我们将了解中国特色社会主义文化的内容和价值，坚定文化自信自强；感悟世界文明的多样性，懂得文化交流文明互鉴的意义；领会推动中华优秀传统文化创造性转化、创新性发展的重要意义；坚持社会主义核心价值体系，践行社会主义核心价值观。

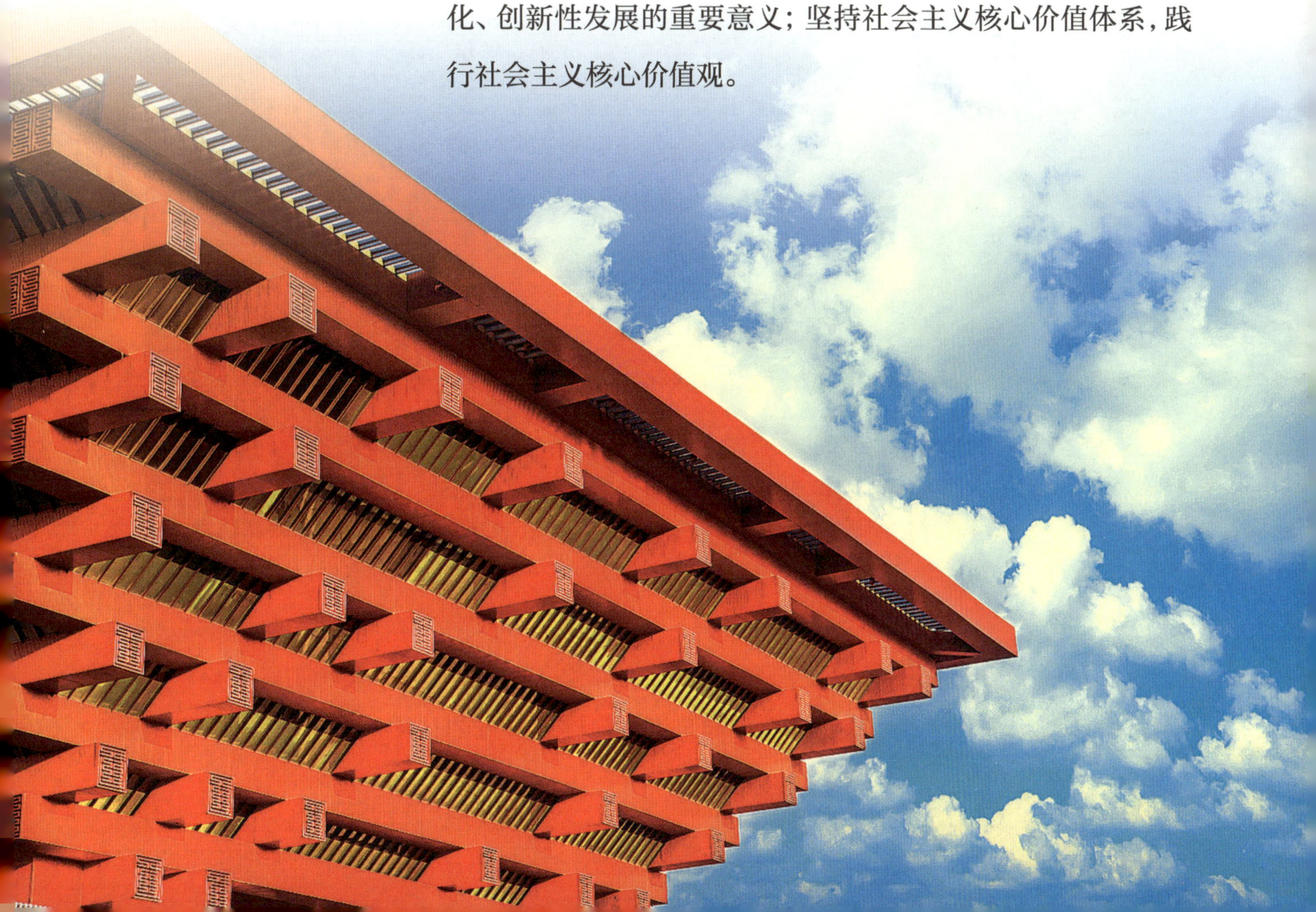

第10课
文化自信与文明交流互鉴

中国特色社会主义文化，源自于中华民族5 000多年文明历史所孕育的中华优秀传统文化，熔铸于党领导人民在革命、建设、改革中创造的革命文化和社会主义先进文化，植根于中国特色社会主义伟大实践。中国特色社会主义文化的内容和价值是什么？为什么要促进文化交流文明互鉴？学习本课，我们将了解中国特色社会主义文化的内涵，理解繁荣发展中国特色社会主义文化的意义，坚定文化自信自强。

一、繁荣发展中国特色社会主义文化

1. 传承中华优秀传统文化

阅读与思考

2014年9月，习近平在纪念孔子诞辰2 565周年国际学术研讨会暨国际儒学联合会第五届会员大会开幕会上的讲话中指出："孔子创立的儒家学说以及在此基础上发展起来的儒家思想，对中华文明产生了深刻影响，是中国传统文化的重要组成部分。儒家思想同中华民族形成和发展过程中所产生的其他思想文化一道，记载了中华民族自古以来在建设家园的奋斗中开展的精神活动、进行的理性思维、创造的文化成果，反映了中华民族的精神追求，是中华民族生生不息、发展壮大的重要滋养。"

- 你知道孔子的哪些名言？
- 这些名言体现了中华优秀传统文化的哪些特征？

中华文化源远流长、灿烂辉煌。在5 000多年文明发展中孕育的中华优秀传统文化，积淀着中华民族最深沉的精神追求，代表着中华民族独特的精神标识，是中华民族生生不息、发展壮大的丰厚滋养，是中国特色社会主义植根的文化沃土，是当代中国发展的突出优势，对延续和发展中华文明、促进人类文明进步，发挥着重要作用。

相关链接

《论语》

万里长城

舞狮

胡琴

中华文化是各民族文化的集大成，各民族都对中华文化的形成和发展作出了贡献。我国各民族创作了诗经、楚辞、汉赋、唐诗、宋词、元曲、明清小说等伟大作品，传承了格萨尔王、玛纳斯、江格尔等震撼人心的伟大史诗，建设了万里长城、都江堰、大运河、故宫、布达拉宫、坎儿井等伟大工程。从赵武灵王胡服骑射，到北魏孝文帝汉化改革；从“洛阳家家学胡乐”到“万里羌人尽汉歌”；从边疆民族习用“上衣下裳”“雅歌儒服”，到中原盛行“上衣下裤”、胡衣胡帽，以及今天随处可见的舞狮、胡琴、旗袍等，展现了各民族文化的互鉴融通。

中华优秀传统文化的主要内容包括核心思想理念、中华传统美德和中华人文精神等。传承发展中华优秀传统文化，就要大力弘扬讲仁爱、重民本、守诚信、崇正义、尚和合、求大同等核心思想理念，就要大力弘扬自强不息、敬业乐群、扶危济困、见义勇为、孝老爱亲等中华传统美德，就要大力弘扬有利于促进社会和谐、鼓励人们向上向善的思想文化内容。中华优秀传统文化有很多重要元素，共同塑造出中华文明的突出特性，即突出的连续性、突出的创新性、突出的统一性、突出的包容性、突出的和平性。

中华优秀传统文化是我们在世界文化激荡中站稳脚跟的根基，必须结合新的时代条件传承和弘扬好。要实施中华优秀传统文化传承发展工程，推动中华优秀传统文化创造性转化、创新性发展，增强全社会文物保护意识，加大文化遗产保护力度。

相关链接

古人所说的“先天下之忧而忧，后天下之乐而乐”的政治抱负，“位卑未敢忘忧国”“苟利国家生死以，岂因祸福避趋之”的报国情怀，“富贵不能淫，贫贱不能移，威武不能屈”的浩然正气，“人生自古谁无死，留取丹心照汗青”“鞠躬尽瘁，死而后已”的献身精神等，都体现了中华民族的优秀传统文化。

2. 弘扬革命文化

阅读与思考

一百多年前，中国共产党的先驱们创建了中国共产党，形成了坚持真理、坚守理想，践行初心、担当使命，不怕牺牲、英勇斗争，对党忠诚、不负人民的伟大建党精神，这是中国共产党的精神之源。

- 结合所学历史知识，谈谈你对伟大建党精神的理解。
- 我们应该如何传承伟大建党精神？

革命文化诞生于血与火的革命岁月，承载着党和人民对国家独立、民族解放、人民幸福的不懈追求，集中体现了党的坚定信念、根本宗旨、优良作风，是中国共产党带领中国人民在革命、建设、改革中书写的红色篇章，是新时代中国特色社会主义文化的重要组成部分。

在百年奋斗历程中，一代又一代中国共产党人顽强拼搏、不懈奋斗，涌现了一大批视死如归的革命烈士、一大批顽强奋斗的英雄人物、一大批忘我奉献的先进模范，形成了伟大建党精神，形成了井冈山精神、长征精神、遵义会议精神、延安精神、西柏坡精神、红岩精神、抗美援朝精神、“两弹一星”精神、特区精神、抗洪精神、抗震救灾精神、脱贫攻坚精神等伟大精神，这些精神是革命文化的生动体现。

> 人无精神则不立，国无精神则不强。
>
> ——习近平

相关链接

打开党史，一代代共产党人勇往直前以赴之，断头流血以从之，殚精竭虑以成之，书写了坚守初心和使命的壮丽篇章。革命战争年代，李大钊、蔡和森、方志敏、杨靖宇、赵一曼、刘胡兰……无数革命先烈以铮铮铁骨守初心，以血肉之躯担使命，为争取民族独立和人民解放前赴后继、抛洒热血。和平建设时期，雷锋、焦裕禄、王进喜、谷文昌、孔繁森、杨善洲、罗阳……无数先锋模范以赤子情怀守初心，以忘我精神担使命，为实现国家富强和人民幸福呕心沥血、无私奉献。

历史上，党几经挫折而不断奋起，历尽苦难而淬火成钢，归根到底在于心中的远大理想和革命信念始终坚定执着，始终闪耀着火热的光芒。革命文化已经深深融入中华民族的血脉和灵魂，成为社会主义核心价值观的丰富滋养，成为鼓舞和激励中国人民不断攻坚克难、从胜利走向胜利的强大精神动力。

3. 发展社会主义先进文化

阅读与思考

1957 年 6 月，内蒙古第一支乌兰牧骑——苏尼特右旗乌兰牧骑成立。在成立之后的第二天，举着红旗、甩着响鞭，9 位队员乘着马车，向偏远的牧区出发了。他们迎风雪、冒寒暑，不畏艰苦，长期在戈壁、草原上为群众演出。乌兰牧骑优良的工作作风、顽强的意志品质和无私的奉献精神，成为我国文艺战线的一面旗帜。

2017 年 11 月，习近平给乌兰牧骑回信：乌兰牧骑的长盛不衰表明，人民需要艺术，艺术也需要人民。在新时代，希望你们以党的十九大精神为指引，大力弘扬乌兰牧骑的优良传统，扎根生活沃土，服务牧民群众，推动文艺创新，努力创作更多接地气、传得开、留得下的优秀作品，永远做草原上的“红色文艺轻骑兵”。

- 从草原上的“红色文艺轻骑兵”身上，你学到了什么？
- 我们应该如何理解和弘扬社会主义先进文化？

中国特色社会主义文化是凝聚和激励全国各族人民的重要力量，是综合国力的重要标志。没有先进文化的积极引领，没有人民精神世界的极大丰富，没有民族精神力量的不断增强，一个国家、一个民族就不可能屹立于世界民族之林。

社会主义先进文化是党领导人民在探索、开创、坚持、发展中国特色社会主义的历史进程中创造的文化。发展社会主义先进文化，是建设中国特色社会主义的内在要求，也是推进中国式现代化的必然要求。要立足中国，面向现代化、面向世界、面向未来，坚持马克思主义在意识形态领域指导地位的根本制度，大力弘扬中国精神，加强社会主义精神文明建设，不断提高人民思想觉悟、道德水平、文明素养。

中华优秀传统文化的风骨神韵、革命文化的刚健激越、社会主义先进文化的繁荣兴盛，共同铸就了我们坚定文化自信的强大底气。这种自信，是我们民族披荆斩棘、生生不息、意气风发、高歌猛进的强大精神动力，是更基础、更广泛、更深厚的自信，是最基本、最深沉、最持久的力量。

启思导行

党的十八大以来，习近平在新时代文化建设方面的新思想新观点新论断，丰富和发展了马克思主义文化理论，构成了习近平新时代中国特色社会主义思想的文化篇，形成了习近平文化思想。

- 坚持党的文化领导权。
- 推动物质文明和精神文明协调发展。
- 坚持把马克思主义基本原理同中国具体实际相结合、同中华优秀传统文化相结合。
- 担负新时代的文化使命。
- 坚定文化自信。
- 培育和践行社会主义核心价值观。
- 铸牢中华民族共同体意识。
- 掌握信息化条件下舆论主导权、广泛凝聚社会共识。
- 坚持以人民为中心的工作导向。
- 加强文化遗产保护传承。
- 构建中国话语和中国叙事体系。
- 促进文明交流互鉴。

● 结合材料和生活实际，分组讨论我们如何在生活实践中贯彻落实习近平文化思想。

二、促进文化交流文明互鉴

1. 世界文明的多样性

阅读与思考

2014 年 4 月，习近平在布鲁日欧洲学院的演讲中指出："正如中国人喜欢茶而比利时人喜爱啤酒一样，茶的含蓄内敛和酒的热烈奔放代表了品味生命、解读世界的两种不同方式。但是，茶和酒并不是不可兼容的，既可以酒逢知己千杯少，也可以品茶品味品人生。"

● 从上面这段话里，你能感受到不同文化之间的哪些差异？
● 查阅资料，举例说明世界文明的多样性。

> 每一种文明都延续着一个国家和民族的精神血脉，既需要薪火相传、代代守护，更需要与时俱进、勇于创新。
>
> ——习近平

"一花独放不是春，百花齐放春满园。"在浩瀚的历史长河中，人类创造了绚丽多彩的文明。每一种文明都彰显着思想之美、生活之美、创造之美，都有其独特意蕴，都是人类的精神瑰宝。

文明因多样而交流，因交流而互鉴，因互鉴而发展。人类发展的历史就是一部文明交流互鉴交融的历史，各国各民族面对多样的文明，相互尊重，求同存异，以文明交流超越文明隔阂、文明互鉴超越文明冲突、文明共存超越文明优越，实现优势互补、互利共赢，共同促进人类文明繁荣进步。

相关链接

文明是人类在认识和改造世界的活动中所创造的物质的、制度的和精神的成果的总和，是社会历史进步和人类开化状态的基本标志。

文化是人类在社会实践过程中所获得的能力和创造的成果。人类文化发展的总趋势是不断推陈出新，新兴的、进步的文化克服腐朽的、反动的文化而不断向前发展。

文化中的积极成果作为人类进步和开化状态的标志，便是文明。人类文明从来是以进步文化为基础，没有进步文化的发展，就不会有文明的发展。

我国同一切爱好和平的国家和人民一道，弘扬和平、发展、公平、正义、民主、自由的全人类共同价值，坚持合作、不搞对抗，坚持开放、不搞封闭，坚持互利共赢、不搞零和博弈，反对霸权主义和强权政治，推动历史车轮向着光明的目标前进！

相关链接

中华文明在5 000多年不间断的历史传承中兼容并蓄、创新升华。如通过古丝绸之路，中华文明与古希腊、古罗马、波斯和阿拉伯等文明相遇，在交流过程中不断丰富发展。

近代欧洲的一些文化名人，如伏尔泰、歌德、雨果，都从中国古代思想文化中汲取过营养。如儒学本是中国的学问，但也早已走向世界，成为人类文明的一部分。

2. 文化交流与文明互鉴

阅读与思考

对我们来说，筷子属于寻常日用之物，但对历史学家来说，可以从一根筷子中窥见一段文明交流互鉴的历史。关于世界文化，曾有一个很有趣的划分方式：根据饮食习惯可以大致分筷子取食、手指取食、刀叉取食，对应各自的地域文明。筷子是中华饮食文化的标志之一，它发明于中国，后传至朝鲜、日本、越南等国家。现如今筷子不仅是中国人必备的饮食用具，还作为中华文化的象征之一出现在世界各地的餐桌上，人们学习中餐礼仪、练习使用筷子，品味中华美食及其背后的深厚文化，一根根小小的筷子架起了不同文明交流互鉴的桥梁。

- 筷子在文化交流与文明互鉴中起到了什么作用？

任何一种文化都不能与世隔绝，都不能故步自封，都需要从其他文化中汲取养分。文化交流是民心工程、未来工程，潜移默化、润物无声。要以积极的态度对待外来文化，在同外来文化的交流互动中丰富发展我国文化。

平等相待，尊重包容。每一种文明都扎根于自己的生存土壤，凝聚着一个国家、一个民族的非凡智慧和精神追求，都有自己存在的价值。应秉持平等和尊重，摒弃傲慢和偏见，加深对自身文明和其他文明差异性的认知，推动不同文明交流对话、和谐共生。

相关链接

北京 2022 年冬奥会和冬残奥会吉祥物“冰墩墩”“雪容融”

北京 2022 年冬奥会和冬残奥会，是一个文化交流、彰显中华文化自信的契机，充满了丰富多彩的中国风元素，从吉祥物、会徽和体育图标，到三个赛区的冬奥会场馆，以及火炬、奖牌，所有的设计细节都融入了中华文化元素，让全世界感受中华文化的魅力。北京冬奥会、冬残奥会广大参与者珍惜伟大时代赋予的机遇，在冬奥申办、筹办、举办的过程中，共同创造了胸怀大局、自信开放、迎难而上、追求卓越、共创未来的北京冬奥精神。

兼收并蓄，辩证取舍。应以海纳百川的宽广胸怀打破文化交往的壁垒，以兼收并蓄的态度汲取其他文明的养分，促进文明在交流互鉴中共同前进。坚持从本国本民族实际出发，做到取长补短、择善而从，不拒众流，方为江海。

与时俱进，创新发展。文明永续发展，既需要薪火相传、代代守护，更需要顺时应势、推陈出新。我们应该用创新增添文明发展动力、激活文明进步的源头活水，不断创造出跨越时空、富有永恒魅力的文明成果。立足中国国情，实现不同文化的交流互鉴，应当坚守中华文化立场，坚持以我为主，为我所用，吸收外来有益文化，推动中国文化发展。

启思导行

2014 年 3 月 27 日，习近平在联合国教科文组织总部的演讲中指出：“我到过代表古玛雅文明的奇琴伊察，也到过带有浓厚伊斯兰文明色彩的中亚古城撒马尔罕。我深深感到，要了解各种文明的真谛，必须秉持平等、谦虚的态度。如果居高临下对待一种文明，不仅不能参透这种文明的奥妙，而且会与之格格不入。历史和现实都表明，傲慢和偏见是文明交流互鉴的最大障碍。”

- 以小组为单位，讨论对各自所了解的异域文明的看法。

第11课
以社会主义核心价值观引领文化建设

社会主义核心价值观的内容是什么？如何践行社会主义核心价值观？学习本课，我们将理解社会主义核心价值观的内容和意义，认同社会主义核心价值体系，从身边的小事做起，努力践行社会主义核心价值观。

一、社会主义核心价值观

1. 认识社会主义核心价值观

阅读与思考

2022年7月，第五届社会主义核心价值观主题微电影（微视频）征集展播活动评选出了88部优秀作品。这些优秀作品主题鲜明、立意深刻、贴近群众，通过新颖活泼的表现方式、生动感人的故事情节，讲述各行各业弘扬和践行社会主义核心价值观的精神风貌和生动实践，激励广大干部群众奋进新征程、建功新时代。

- 你看过这些优秀作品吗？你最喜欢哪部作品？请说明理由。
- 结合这些作品，谈谈为什么要大力弘扬社会主义核心价值观。

核心价值观是一个民族赖以维系的精神纽带，是一个国家共同的思想道德基础；核心价值观是决定文化性质和方向的最深层次要素，是一个国家的重要稳定器。在当代中国，我们倡导富强、民主、文明、和谐，自由、平等、公正、法治，爱国、敬业、诚信、友善的社会主义核心价值观。

富强、民主、文明、和谐是国家层面的价值要求，自由、平等、公正、法治是社会层面的价值要求，爱国、敬业、诚信、友善是公民层面的价值要求。这实际上回答了中国要建设什么样的国家、建设什么样的社会、培育什么样的公民的重大问题。

社会主义核心价值观是凝聚人心、汇聚民力的强大力量。要在全社会牢固树立社会主义核心价值观，全体人民一起努力，通过持之以恒的奋斗，把我们的国家建设得更加富强、更加民主、更加文明、更加和谐、更加美丽，让中华民族以更加自信、更加自强的姿态屹立于世界民族之林。

核心价值观，其实就是一种德，既是个人的德，也是一种大德，就是国家的德、社会的德。国无德不兴，人无德不立。如果一个民族、一个国家没有共同的核心价值观，莫衷一是，行无依归，那这个民族、这个国家就无法前进。

——习近平

相关链接

社会主义核心价值观是社会主义核心价值体系的集中表达。社会主义核心价值体系由马克思主义指导思想、中国特色社会主义共同理想、以爱国主义为核心的民族精神和以改革创新为核心的时代精神、社会主义荣辱观等方面构成。

2. 广泛践行社会主义核心价值观

阅读与思考

拉齐尼·巴依卡生前是新疆某边防部队的义务巡逻向导，他多次冒着生命危险救助巡逻战士，10余年来足迹踏遍帕米尔高原边防一线。2021年1月，拉齐尼·巴依卡为解救落入冰窟的儿童，不幸英勇牺牲。他爱国护边的执着坚守、舍己救人的英雄壮举，感动无数军民，鲜明体现了新时代共产党员忠诚奉献的真挚情怀。2021年中共中央宣传部追授拉齐尼·巴依卡“时代楷模”称号。

- 拉齐尼·巴依卡是怎样践行社会主义核心价值观的?

青年的价值取向决定了未来整个社会的价值取向，而青年又处在价值观形成和确立的时期。这就像穿衣服扣扣子一样，人生的扣子从一开始就要扣好。要从现在做起、从自己做起，遵循和践行社会主义核心价值观。

相关链接

2014 年 5 月，习近平在北京大学考察时指出："人类社会发展的历史表明，对一个民族、一个国家来说，最持久、最深层的力量是全社会共同认可的核心价值观。核心价值观，承载着一个民族、一个国家的精神追求，体现着一个社会评判是非曲直的价值标准。"

要勤学，下得苦功夫，求得真学问。知识是树立核心价值观的重要基础。为学之要贵在勤奋、贵在钻研、贵在有恒。要修德，加强道德修养，注重道德实践。要立志报效祖国、服务人民，这是大德，养大德者方可成大业。要明辨，善于明辨是非，善于决断选择。要树立正确的世界观、人生观、价值观。要笃实，扎扎实实干事，踏踏实实做人。于实处用力，从知行合一上下功夫，迈稳步子、夯实根基、久久为功。

核心价值观的养成绝非一日之功，要坚持由易到难、由近及远，努力把核心价值观的要求变成日常的行为准则，进而形成自觉奉行的信念理念。无论什么时候，我们都要坚守在中国大地上形成和发展起来的社会主义核心价值观，在时代大潮中建功立业，成就自己的宝贵人生。

启思导行

- 参加校园、社区、专业实践的志愿活动，分享服务他人、奉献社会的体会，谈谈自己践行社会主义核心价值观的做法。

二、用社会主义核心价值体系凝心聚力

1. 弘扬中国精神

阅读与思考

周虽旧邦，其命维新。——《诗经》

苟利国家生死以，岂因祸福避趋之。——林则徐

人生自古谁无死，留取丹心照汗青。——文天祥

一腔热血勤珍重，洒去犹能化碧涛。——秋　瑾

- 这些诗句体现了怎样的中国精神？

中国精神就是以爱国主义为核心的民族精神，以改革创新为核心的时代精神。这种精神是凝心聚力的兴国之魂、强国之魂。

爱国主义是中华民族的民族心、民族魂，是中华民族最重要的精神财富，是中国人民和中华民族维护民族独立和民族尊严的强大精神动力。在近代中国的历史上，面对国家和民族生死存亡，全体中华儿女同仇敌忾、众志成城，奏响了气吞山河的爱国主义壮歌。

相关链接

2020年4月以来，有关外军严重违反两国协定协议，试图单方面改变边境管控现状，甚至暴力攻击前往现场交涉的我国边防兵。面对外方的非法侵权暴力挑衅行径，边防官兵予以坚决回击，有效捍卫了国家主权和领土完整。某边防团团长祁发宝重伤，某机步营营长陈红军和战士陈祥榕、肖思远、王焯冉牺牲。2021年2月，中央军委授予祁发宝“卫国戍边英雄团长”荣誉称号，追授陈红军“卫国戍边英雄”荣誉称号，给陈祥榕、肖思远、王焯冉追记一等功。在这些官兵身上展现了誓死捍卫祖国领土的赤胆忠心，彰显了新时代卫国戍边英雄官兵的昂扬风貌和爱国主义精神。

“卫国戍边英雄团长”祁发宝

“卫国戍边英雄”陈红军

> 爱国主义就是千百年来固定下来的对自己的祖国的一种最深厚的感情。
>
> ——列宁

对每一个中国人来说，爱国是本分，也是职责，是心之所系、情之所归。对新时代中国青年来说，热爱祖国是立身之本、成才之基。当代中国，爱国主义的本质就是坚持爱国和爱党、爱社会主义高度统一。新时代中国青年要听党话、跟党走，胸怀忧国忧民之心、爱国爱民之情，不断奉献祖国、奉献人民，以一生的真情投入、一辈子的顽强奋斗来体现爱国主义情怀，让爱国主义的伟大旗帜始终在心中高高飘扬。

改革创新是时代的最强音，是中华民族繁荣发展的灵魂，是我们国家兴旺发达的不竭动力。改革创新精神表现为与时俱进、锐意进取、勤于探索、勇于实践。正是依靠改革创新精神，我们创造了改革开放40多年来举世瞩目的辉煌成就。

以改革创新为核心的时代精神，是马克思主义与时俱进的理论品格、中华民族开拓进取的思想品格与改革开放和现代化建设实践相结合的伟大成果。以改革创新为核心的时代精神，已深深熔铸在中华民族的生命力、创造力和凝聚力之中，成为社会主义核心价值体系的精髓之一。

要弘扬中国精神，不断增强自己的精神力量，敢闯敢试、敢为人先、埋头苦干，勇当新时代的“拓荒牛”，努力成长为能够担当民族复兴大任的时代新人。

位于深圳深南大道的“拓荒牛”雕像

2. 推进社会主义文化建设

阅读与思考

中国（深圳）国际文化产业博览交易会（简称“文博会”）自 2004 年创办以来，以博览与交易为主题，集中展示全国文化体制机制改革成果和文化产业发展新成就，突出文化产业核心层和科技融合的新产品、新技术，是我国文化产业发展的检阅台、风向标，被誉为“中国文化产业展”。作为中国唯一的国家级、国际化、综合性文化产业展会，文博会走过的历程，见证了中国文化产业日益枝繁叶茂、向高质量发展阶段不断迈进的过程。

- 你知道的文化产业有哪些？
- 这些文化产业对于满足人民美好生活需要发挥了什么作用？

全面建设社会主义现代化国家，必须坚持中国特色社会主义文化发展道路，增强文化自信，围绕举旗帜、聚民心、育新人、兴文化、展形象建设社会主义文化强国，发展面向现代化、面向世界、面向未来的，民族的科学的大众的社会主义文化，激发全民族文化创新创造活力，增强实现中华民族伟大复兴的精神力量。

坚持马克思主义在意识形态领域指导地位的根本制度，第一位的要求就是推动全党全社会全面贯彻落实习近平新时代中国特色社会主义思想。按照学懂、弄通、做实的要求，加强社会主义精神文明建设，把社会主义核心价值观融入社会发展各方面，不断提高全社会文明程度，不断铸就社会主义文化新辉煌。

相关链接

中国共产党坚持马克思主义基本原理，坚持实事求是，从中国实际出发，洞察时代大势，把握历史主动，进行艰辛探索，不断推进马克思主义中国化时代化，指导中国人民不断推进伟大社会革命。中国共产党为什么能，中国特色社会主义为什么好，归根到底是马克思主义行，是中国化时代化的马克思主义行。

繁荣发展文化事业和文化产业。坚持以人民为中心的创作导向，推出更多增强人民精神力量的优秀作品。完善公共文化服务体系，提高基本公共文化服务的覆盖面和适用性，切实保障人民群众基本文化权益。党坚持把社会效益放在首位、社会效益和经济效益相统一，深化文化体制改革，完善文化经济政策。实施国家文化数字化战略，健全现代公共文化服务体系，创新实施文化惠民工程。

讲好中国故事，增强国家文化软实力和中华文化影响力。要传承中华优秀传统文化，把中华优秀传统文化的精神标识和具有当代价值、世界意义的文化精髓展示出来。弘扬革命文化，赓续红色基因，确保红色政权不变色不变质。发展社会主义先进文化，着力推动反映当代中国发展进步的价值理念、文艺精品、文化成果走向海外，努力进入主流市场、影响主流人群。展现可信、可爱、可敬的中国形象，促进人类文明交流互鉴，不断提升国家文化软实力、中华文化影响力。

启思导行

- 以弘扬民族精神或时代精神为主题，结合所学专业，发挥个人所长，说说自己可以为推进社会主义文化建设做些什么，写在下面的横线上。

____

____

____

____

____

内容概览

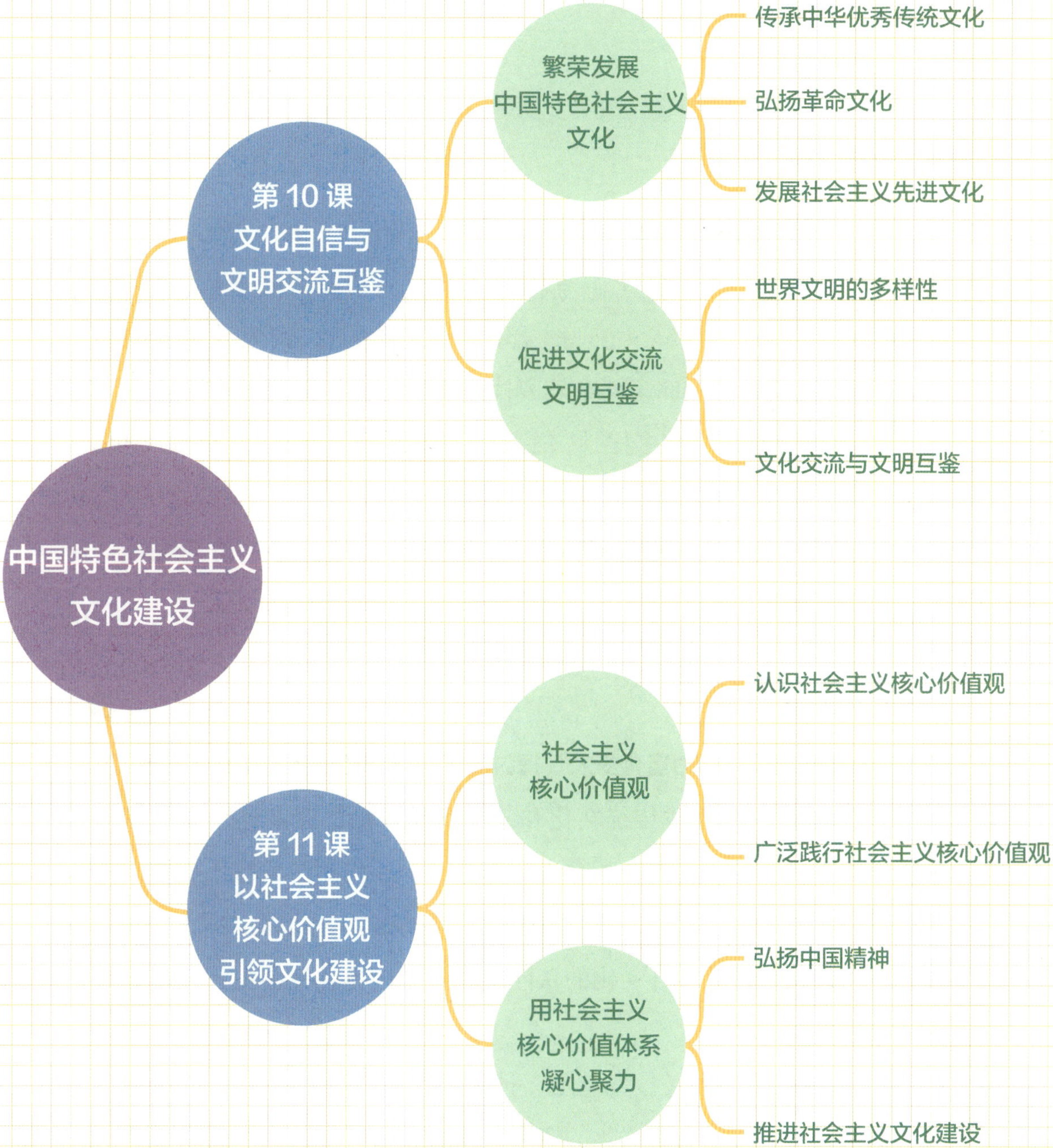
中国特色社会主义
文化建设
第 10 课
文化自信与
文明交流互鉴
繁荣发展
中国特色社会主义
文化
传承中华优秀传统文化
弘扬革命文化
发展社会主义先进文化
促进文化交流
文明互鉴
世界文明的多样性
文化交流与文明互鉴
第 11 课
以社会主义
核心价值观
引领文化建设
社会主义
核心价值观
认识社会主义核心价值观
广泛践行社会主义核心价值观
用社会主义
核心价值体系
凝心聚力
弘扬中国精神
推进社会主义文化建设

学以致用

讲好中国故事　坚定文化自信

▶活动目标

1. 了解身边文化现象，领悟中华优秀传统文化、革命文化、社会主义先进文化的影响力和感召力；领会对中华优秀传统文化进行创造性转化、创新性发展的重要意义；理解文明交流互鉴的意义、文化创新的动力和途径；理解坚持和完善繁荣发展社会主义先进文化制度的意义。

2. 感悟世界文明的多样性，增强对中华优秀传统文化、革命文化、社会主义先进文化的认同，坚定文化自信。

3. 坚持社会主义核心价值体系，自觉践行社会主义核心价值观。

▶活动任务与建议

任务一：围绕“文化的力量有多大”，探讨发展中国特色社会主义文化的意义

1. 可阅读中华优秀传统文化和革命文化作品，以朗诵、演绎等形式推介中华优秀传统文化和革命文化作品，讲述作品中的感人故事，挖掘作品背后的精神力量，在介绍中华优秀传统文化和革命文化的同时，增强对中国特色社会主义文化的认同感，做中国特色社会主义文化的继承者和发扬者。

2. 可参观爱国主义教育基地，搜集革命英雄事迹，开展革命英雄事迹演讲活动，接受革命文化的熏陶，学习革命英雄的高尚品质，并从英雄模范、道德楷模的身上找到精神的力量，向榜样看齐。

3. 可讨论家乡文化特点，与来自同一个地方的同学组成小组，用文字讲解、歌曲演绎、小品呈现等丰富的形式展示家乡文化的特点，探寻记忆中的家乡文化，加深对文化记忆的认识，理解文化记忆对人的塑造作用。

4. 可制作城市文化、家乡文化或优秀企业文化名片，呈现方式既可以是实体的文化产品、具有代表性的文化名人故事，也可以是抽象的文化精神符号，进一步感受社会主义先进文化的魅力。

任务二：围绕“为什么对待传统文化要‘取其精华，去其糟粕’”，探讨对待传统文化的正确态度

1. 可查找小说、散文、诗歌、绘画、照片、电影、歌曲、书法作品等，从身边的文艺作品中寻找中华优秀传统文化的元素，思考中华优秀传统文化元素的共性是什么，讨论可以体现中华优秀传统文化精髓的标志是什么。

2. 可走进历史博物馆，通过参观加深对于家乡历史文化发展脉络的认识，亲身感受家乡的历史变迁，挖掘历史传承下来的中华优秀传统文化元素，在班级进行分享，加深对于优秀文化元素的理解。

3. 可结合对非物质文化遗产的保护，讨论应该传承和弘扬怎样的中华优秀传统文化，应该用什么形式来进行传承和弘扬，思考自己可以为保护非物质文化遗产做些什么，从生活小事出发自觉做中华优秀传统文化的传承者和弘扬者。

任务三：围绕“文化创新为什么要‘不忘本来、吸收外来、面向未来’”，探讨文化创新的动力和途径

1. 可搜集生活中文化创新的表现形式，并在班级进行分享，在分享的过程中，对各种表现形式进行比较和评议，思考文化创新表现形式的共性，思考文化创新还有哪些新的表现形式。

2. 可搜集具有代表性的文化创新事例，思考这些文化创新事例是如何实现创新的，这些创意的源头来自哪里，在思考的过程中进一步加深对文化创新和发展源于社会实践这一知识的理解。

3. 可讨论文化创新的途径是什么，通过梳理文化创新事例讨论文化创新的过程是怎样实现的，要实现文化创新应该具备哪些条件，理解交流互鉴、推陈出新、革故鼎新是文化创新的重要途径。

▶活动评价

评价内容	评价人员	评价方式	评价维度						总结反思
			语言表达	问题分析	事件处理	成果呈现	个人状态	团队合作	

说明:

- 评价人员：本人、同学、家长、教师等。
- 评价方式：采用赋分评价、评语结论评价等。
- 评价维度：语言表达是否清晰准确，问题分析是否全面准确，事件处理是否恰当，成果呈现是否完整，个人状态是否积极，团队合作是否有效。
- 总结反思：从成效、改进措施等方面进行。

第五单元 中国特色社会主义社会建设

加强社会建设是新时代中国特色社会主义事业的一项重大任务。党的十八大以来，以习近平同志为核心的党中央，按照坚守底线、突出重点、完善制度、引导预期的思路，在收入分配、就业、教育、社会保障、医疗卫生、住房保障等方面推出一系列重大举措，社会治理社会化、法治化、智能化、专业化水平大幅度提升，国家安全得到全面加强，经受住了来自政治、经济、意识形态、自然界等方面的风险挑战考验。

通过本单元学习，我们将了解国家优先发展教育事业、提高就业质量和人民收入水平、加强社会保障体系建设的基本要求，认识扶贫减贫、实施健康中国战略的意义；理解打造共建共治共享的社会治理格局和有效维护国家安全的重要意义和基本要求，明确有序参与社会治理、自觉维护国家安全的方法。

第12课
增进民生福祉

民生主要是指人民的基本生存和生活状态，以及人民的基本发展机会、基本发展能力和基本权益保护状况等。为政之道，以顺民心、厚民生为本。党和国家是如何优先发展教育事业的？为提高就业质量和人民收入水平采取了哪些举措？在解决贫困问题、加强社会保障体系建设方面提出了哪些基本要求？为什么要实施健康中国战略？学习本课，我们将更好地了解我国增进民生福祉的举措和成就，理解增进民生福祉的意义和作用。

一、保障社会基本民生

1. 办好人民满意的教育

阅读与思考

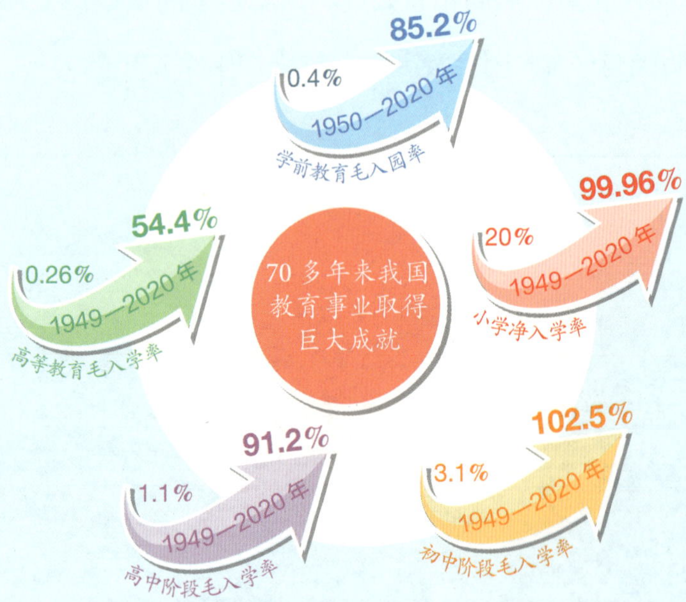

说明：毛入学率，是指某一级教育不分年龄的在校学生总数占该级教育国家规定年龄组人口数的百分比。由于包含非正规年龄组（低龄或超龄）学生，毛入学率可能会超过100%。

● 左图的数据变化说明了什么？结合自身的学习经历谈谈教育对个人成长的意义。

教育是民族振兴、社会进步的重要基石，是国之大计、党之大计，对提高人民综合素质、促进人的全面发展、增强中华民族创新创造活力、实现中华民族伟大复兴具有决定性意义。

新时代贯彻党的教育方针，要坚持马克思主义指导地位，贯彻习近平新时代中国特色社会主义思想，坚持社会主义办学方向，落实立德树人的根本任务，坚持教育为人民服务、为中国共产党治国理政服务、为巩固和发展中国特色社会主义制度服务、为改革开放和社会主义现代化建设服务，扎根中国大地办教育，同生产劳动和社会实践相结合，加快推进教育现代化、建设教育强国、办好人民满意的教育，努力培养担当民族复兴大任的时代新人，培养德智体美劳全面发展的社会主义建设者和接班人。

2019 年 8 月，习近平在甘肃省山丹培黎学校与师生亲切交流

相关链接

2018 年 9 月，习近平在全国教育大会上系统总结了推进我国教育改革发展的“九个坚持”：坚持党对教育事业的全面领导，坚持把立德树人作为根本任务，坚持优先发展教育事业，坚持社会主义办学方向，坚持扎根中国大地办教育，坚持以人民为中心发展教育，坚持深化教育改革创新，坚持把服务中华民族伟大复兴作为教育的重要使命，坚持把教师队伍建设作为基础工作。

2024 年 9 月，习近平在全国教育大会上指出，我们要建成的教育强国，是中国特色社会主义教育强国，应当具有强大的思政引领力、人才竞争力、科技支撑力、民生保障力、社会协同力、国际影响力，为以中国式现代化全面推进强国建设、民族复兴伟业提供有力支撑。

办好人民满意的教育，要坚持以人民为中心发展教育，加快建设高质量教育体系，发展素质教育，促进教育公平。加快义务教育优质均衡发展和城乡一体化。统筹职业教育、高等教育、继续教育协同创新，推进职普融通、产教融合、科教融汇，优化职业教育类型定位。推进教育数字化，促进人工智能助力教育变革，建设全民终身学习的学习型社会、学习型大国。

2. 促进充分就业和完善收入分配结构

阅读与思考

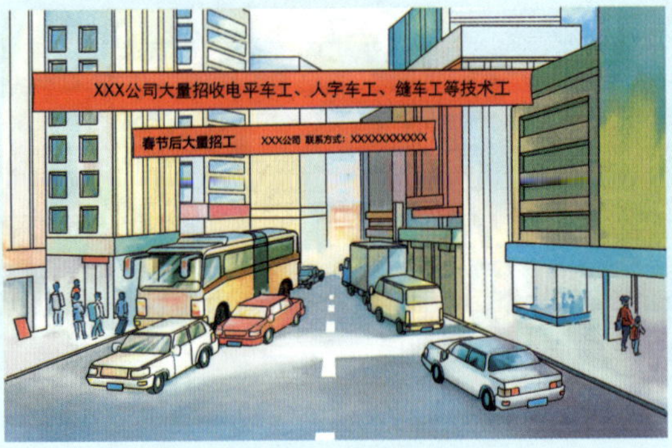

- 为什么会出现上图用人单位一人难求、求职者一岗难求的现象？
- 你认为应该如何缓解这种现象？

就业是最基本的民生。促进充分就业，对于实现个人价值、融入社会生活、改变生活方式、促进家庭和睦，对于促进民族团结、维护社会稳定、促进社会和谐等具有重要作用。

党和国家实施就业优先战略，推动实现更加充分、更高质量就业，始终把稳就业摆在突出位置。要完善劳动就业制度，健全就业促进机制和就业公共服务体系，保障公平有序的就业市场，扩大就业容量，提升就业质量，缓解结构性就业矛盾，实现更高质量和更充分就业。

相关链接

党的十八大以来，我国就业局势保持总体稳定。2013—2022 年，全国城镇新增就业年均超过 1 300 万人，城镇登记失业率和调查失业率均保持在较低水平，就业结构持续优化，就业质量不断提升。人力资源和社会保障部发布的 2022 年就业数据显示，2022 年就业形势总体稳定、好于预期，全年城镇新增就业 1 206 万人，超额完成年度目标任务。

大规模开展职业技能培训，注重解决结构性就业矛盾，鼓励创业带动就业。提供全方位公共就业服务，促进高校毕业生等青年群体、农民工多渠道就业创业。破除妨碍劳动力、人才流动的体制和政策弊端，使人人都有通过辛勤劳动实现自身发展的机会。完善政府、工会、企业共同参与的协商协调机制，构建和谐劳动关系。全面提升劳动者素质，努力让劳动者实现体面劳动、全面发展。

相关链接

结构性就业矛盾，是指人力资源供给与岗位需求之间的不匹配。突出表现为招工难和就业难并存，这一问题正在成为就业领域的主要矛盾。招工难主要是一线生产服务人员和技工“两头短缺”，技能人才的求人倍率（劳动力市场在一个统计周期内有效需求人数与有效求职人数之比）长期保持在1.5以上。就业难主要是部分高校毕业生和低技能劳动者求职就业困难。这种“两难”并存，是因为劳动力需求与供给不匹配，其症结在于部分劳动者技能不足、技能人才短缺。

收入分配是民生之源，是改善民生、实现发展成果由人民共享最重要最直接的方式。要优化收入分配结构，努力提高居民收入在国民收入分配中的比重，提高劳动报酬在初次分配中的比重，增加低收入者收入，扩大中等收入群体，保护合法收入，调节过高收入，取缔非法收入，推动形成橄榄型分配格局，更加积极有为地促进共同富裕。

相关链接

实施扩大中等收入群体行动计划，以高校和职业院校毕业生、技能型劳动者、农民工等为重点，不断提高中等收入群体比重。提高高校、职业院校毕业生就业匹配度和劳动参与率。拓宽技术工人上升通道，畅通非公有制经济组织、社会组织、自由职业专业技术人员职称申报和技能等级认定渠道，提高技能型人才待遇水平和社会地位。实施高素质农民培育计划，运用农业农村资源和现代经营方式增加收入。完善小微创业者扶持政策，支持个体工商户、灵活就业人员等群体勤劳致富。

3. 脱贫攻坚取得全面胜利

阅读与思考

贫困是长期困扰人类的一大难题，战胜贫困是中华民族的千年夙愿。党的十八大以来，习近平顶风雪、冒酷暑、踏泥泞，翻山越岭、跋山涉水，走遍全国14个集中连片特困地区，推动打赢脱贫攻坚战。2013年11月，习近平在湖南省花垣县十八洞村首次提出“精准扶贫”。

湖南省花垣县十八洞村梨子寨

- 党和国家为什么高度重视消除贫困问题？采取了哪些措施并取得了怎样的成效？

消除贫困是人类梦寐以求的理想。在历史上，勤劳勇敢的中国人民为摆脱贫困作出过不懈努力，但始终没有改变贫困的命运。新中国成立以来特别是改革开放以来，党团结带领人民实施了大规模、有计划、有组织的扶贫开发，着力解放和发展社会生产力，着力保障和改善民生，取得了前所未有的伟大成就。

党的十八大以来，党中央提出实现脱贫攻坚目标的总体要求，实行“六个精准”，即扶持对象精准、项目安排精准、资金使用精准、措施到户精准、因村派人精准、脱贫成效精准；实行“五个一批”，即发展生产脱贫一批、易地搬迁脱贫一批、生态补偿脱贫一批、发展教育脱贫一批、社会保障兜底一批。经过全党全国各族人民共同努力，我国脱贫攻坚战取得了全面胜利，区域性整体贫困得到解决，完成了消除绝对贫困的艰巨任务，提前十年实现联合国 2030 年可持续发展议程减贫目标，创造了人类减贫史上的奇迹。打赢脱贫攻坚战，为在中华大地上实现全面建成小康社会这一百年奋斗目标作出了关键性贡献，为全球减贫治理提供了中国智慧和中国方案。

相关链接

在脱贫攻坚工作中，数百万扶贫干部倾力奉献、苦干实干，同贫困群众想在一起、过在一起、干在一起，将最美的年华无私奉献给了脱贫事业，涌现出许多感人肺腑的先进事迹。35 年坚守太行山的“新愚公”李保国，献身教育扶贫、点燃大山女孩希望的张桂梅，用实干兑现“水过不去、拿命来铺”誓言的黄大发，回乡奉献、谱写新时代青春之歌的黄文秀，扎根脱贫一线、鞠躬尽瘁的黄诗燕等同志，以及在全国脱贫攻坚总结表彰大会上受到表彰的先进个人和先进集体，就是他们中的杰出代表。

脱贫攻坚取得举世瞩目的成就，靠的是党的坚强领导，靠的是中华民族自力更生、艰苦奋斗的精神品质，靠的是新中国成立以来特别是改革开放以来积累的坚实物质基础，靠的是一任接着一任干的坚守执着，靠的是全党全国各族人民的团结奋斗。我国立足国情，把握减贫规律，出台一系列超常规政策举措，构建了一整套行之有效的政策体系、工作体系、制度体系，走出了一条中国特色减贫道路。

相关链接

脱贫攻坚伟大斗争，锻造形成了“上下同心、尽锐出战、精准务实、开拓创新、攻坚克难、不负人民”的脱贫攻坚精神。脱贫攻坚精神，是中国共产党性质宗旨、中国人民意志品质、中华民族精神的生动写照，是爱国主义、集体主义、社会主义思想的集中体现，是中国精神、中国价值、中国力量的充分彰显，赓续传承了伟大民族精神和时代精神。

脱贫攻坚战的全面胜利，标志着党在团结带领人民创造美好生活、实现共同富裕的道路上迈出了坚实的一大步。脱贫摘帽不是终点，而是新生活、新奋斗的起点。要做好同乡村振兴有效衔接，保持帮扶政策总体稳定，让脱贫基础更加稳固、成效更可持续。

启思导行

习近平指出：“扶贫必扶智。让贫困地区的孩子们接受良好教育，是扶贫开发的重要任务，也是阻断贫困代际传递的重要途径。”教育在打赢脱贫攻坚战中发挥了重要作用，“职教一人、就业一个、脱贫一家”“扶贫先扶智，扶智先通语”等都是有效的举措。

- 想一想，教育特别是职业教育在解决贫困问题中起到了什么作用。结合自己的专业，写一写自己能为乡村振兴作哪些贡献，该如何努力和准备，与同学交流分享。

二、健全社会保障

1. 加强社会保障体系建设

阅读与思考

中国建成了世界上规模最大、覆盖人数最多的社会保障体系。

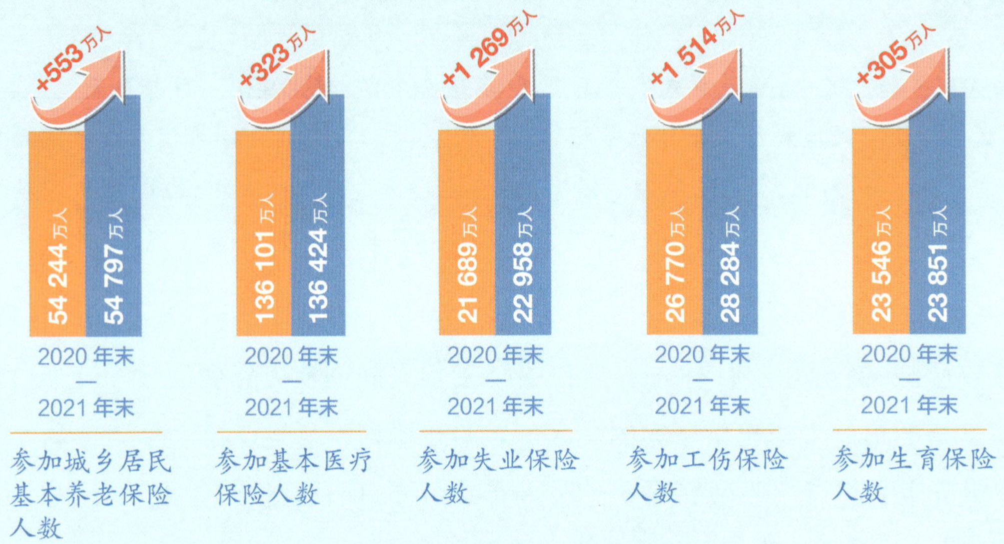

- 说说你和你的家人享受了哪些社会保障，其作用是什么。
- 说说上图的数据变化对人民生活有何影响。

社会保障体系是人民生活的安全网和社会运行的稳定器，与人民幸福安康息息相关，关系国家长治久安。党的十八大以来，以习近平同志为核心的党中央坚持以人民为中心的发展思想，从增强公平性、适应流动性、保证可持续性出发，提出了全面建成多层次社会保障体系的目标，让人民群众更多地分享经济社会发展成果。

相关链接

2016年11月，国际社会保障协会将“社会保障杰出成就奖”（2014—2016）授予中国政府，褒奖中国“在社会保障扩面工作方面取得的举世无双的成就”。为什么要颁给中国？该协会秘书长用两个百分比做了形象的解释，“如果不算中国，全世界社保覆盖面只有50%，算上中国就达到61%。”中国将全球社会保障覆盖率拉升了11个百分点。

社会保障主要由社会保险、社会救助、社会福利、社会优抚组成，还包括其他社会保障形式，它们共同构成了我国的社会保障体系。

社会保险 是我国社会保障体系的核心。它通过政府、单位、个人三方共同筹集资金，保障公民在年老、疾病、工伤、失业等情况下依法从国家和社会获得物质帮助。在我国，社会保险主要包括基本养老保险、基本医疗保险、工伤保险、失业保险等。

社会救助 是最先形成的、历史最悠久的社会保障形式。它是政府通过国民收入再分配，对因自然灾害或其他经济社会原因而无法维持最低生活水平的公民给予无偿帮助，以保障其最低生活水平。社会救助是保障社会成员生活安全和生存权利的“最后一道防线”。

社会福利 是政府和社会向老年人、残疾人、妇女、儿童和其他社会成员提供的社会化服务、实物供给或者福利津贴，以满足社会成员生活需要并促使其生活质量不断得到改善和提高，是最高层次的社会保障。

社会优抚 是国家和社会依法对现役军人、复员退伍军人以及军烈属等优抚对象实行物质照顾、生活和工作安置、精神抚慰的褒扬性、补偿性、优待性、综合性的特殊社会保障。

党和国家健全多层次社会保障体系。坚持应保尽保原则，按照兜底线、织密网、建机制的要求，加快健全覆盖全民、统筹城乡、公平统一、安全规范、可持续的多层次社会保障体系。主要措施包括改革完善社会保险制度，优化社会救助和慈善制度，健全退役军人工作体系和保障制度等。

2. 实施健康中国战略

阅读与思考

党和国家历来高度重视人民健康。新中国成立以来特别是改革开放以来，我国健康领域改革发展取得显著成就，城乡环境面貌明显改善，全民健身运动蓬勃发展，医疗卫生服务体系日益健全，人民健康水平和身体素质持续提高。同时，工业化、城镇化、人口老龄化、疾病谱变化、生态环境及生活方式变化等，也给维护和促进健康带来一系列新的挑战，健康服务供给总体不足与需求不断增长之间的矛盾依然突出，健康领域发展与经济社会发展的协调性有待增强，需要从国家战略层面统筹解决关系健康的重大和长远问题。

- 结合实际，列举我国在健康领域取得的成就。
- 结合材料，说一说我国为什么要实施健康中国战略。

健康是促进人的全面发展的必然要求，是经济社会发展的基础条件，既是民生问题，也是社会政治问题。人民健康是民族昌盛和国家强盛的重要标志，也是全国各族人民的共同愿望。

> 经济要发展，健康要上去。人民群众的获得感、幸福感、安全感都离不开健康。
>
> ——习近平

卫生与健康事业涉及每个人的生命安全和千家万户的幸福安康。党和国家全面推进健康中国建设，把保障人民健康放在优先发展的战略位置，坚持预防为主的方针，深入实施健康中国行动，为人民提供全方位全生命期健康服务。

相关链接

健康中国建设主要指标

领域	指标	2015年	2030年
健康水平	人均预期寿命（岁）	76.34	79.0
	城乡居民达到《国民体质测定标准》合格以上的人数比例（%）	89.6（2014年）	92.2
健康生活	居民健康素养水平（%）	10	30
	经常参加体育锻炼人数（亿人）	3.6（2014年）	5.3
健康服务与保障	每千常住人口执业（助理）医师数（人）	2.2	3.0
	个人卫生支出占卫生总费用的比重（%）	29.3	25左右

体育承载着国家强盛、民族振兴的梦想，是提高人民健康水平的重要途径。要加快体育强国建设，广泛开展全民健身活动，大力弘扬中华体育精神。坚持健康第一的教育理念，加强学校体育工作，推动青少年文化学习和体育锻炼协调发展，帮助学生在体育锻炼中享受乐趣、增强体质、健全人格、锻炼意志、培养团队精神。

启思导行

- 查阅《“健康中国2030”规划纲要》，看看其中哪些内容对你的生活有启示。结合上述内容制定自己的健康管理计划，养成健康的生活方式。

第13课 社会治理与总体国家安全观

社会治理包括哪些方面？如何打造社会治理新格局？为什么要树立总体国家安全观？如何有序参与社会治理、自觉维护国家安全？ 学习本课，我们将理解打造共建共治共享的社会治理格局和有效维护国家安全的重要意义和基本要求。

一、促进社会治理体系现代化

1. 认识社会治理

阅读与思考

广东省韶关市仁化县于2019年在“一线双联”（大抓基层在一线、干部联村联户）活动基础上，深化拓展建立“民情夜访”活动。根据活动要求，仁化县固定每周三晚上由县、乡镇领导深入挂点村走家入户，宣传政策、倾听民声、掌握民情，就地解决群众揪心事、烦心事。截至2021年年底，仁化全县各级干部累计开展“一线双联”和“民情夜访”活动1.9万余次，解决群众困难问题5 700多个，夯实基层党建基础，提升基层组织力和治理能力，受到农民群众的热烈欢迎。

- 仁化县的做法为何会受到群众的热烈欢迎？

社会治理是国家治理的重要领域，它包括对重大安全事故的遏制、对社会矛盾的排查预警、对社会稳定风险的评估、对社会矛盾纠纷的化解、对社会治安的综合治理等。

相关链接

20世纪60年代初，浙江省诸暨县（今诸暨市）枫桥镇干部群众创造了依靠群众就地化解矛盾的“枫桥经验”。毛泽东亲笔批示“要各地仿效，经过试点，推广去做”。60多年来，各地学习推广在实践中形成的“小事不出村、大事不出镇，矛盾不上交”等经验做法，“枫桥经验”在传承中发展、在发展中创新，展示出历久弥新的魅力。习近平高度重视“枫桥经验”，多次作出重要指示批示，强调要坚持和发展新时代“枫桥经验”。

> 要加强和创新基层社会治理，使每个社会细胞都健康活跃，将矛盾纠纷化解在基层，将和谐稳定创建在基层。
>
> ——习近平

社会治理现代化是国家治理体系和治理能力现代化的重要方面。加强和创新社会治理，逐步实现社会治理结构的合理化、治理方式的科学化、治理过程的民主化，将有力推进国家治理现代化的进程。

我国社会治理体系不断完善，社会安全稳定形势持续向好，人民生命财产安全得到有效维护，广大人民群众的安全感和满意度不断增强。同时，社会治理面临的形势和环境更为复杂，如果利益关系协调不好、各种矛盾处理不好，就会导致问题激化，严重的就会影响发展进程。这对社会治理工作提出了更高的要求和更多的挑战。

2. 打造社会治理新格局

阅读与思考

北京市康静里社区党委的一声“哨响”，朝阳区农委、财务局等区级部门，东坝乡环境办、综治办、城管队等科室迅速响应，在这个小小社区里集结。各部门各司其职、通力合作，困扰这个老旧小区的违建丛生、管线老化、道路缺损、环境脏乱等问题逐一解决。

赋权基层，治理重心下移，构建简约高效的基层管理体制，这一机制被形象地称为“街乡吹哨、部门报到”。自 2018 年 1 月开始，北京市以“街乡吹哨、部门报到”改革为抓手，积极探索党建引领基层治理体系机制创新，聚焦办好群众家门口事，打通抓落实的“最后一公里”，形成行之有效的做法。在解决基层治理难题，切实增强人民群众获得感、幸福感、安全感等工作上取得了实效。

- “街乡吹哨、部门报到”的做法好在哪里？
- 你所在社区（村）在社会治理方面还有哪些好的做法？

新时代党和国家坚持以最广大人民根本利益为坐标，坚持问题导向，把专项治理和系统治理、依法治理、综合治理、源头治理结合起来，坚定不移走中国特色社会主义社会治理之路，完善党委领导、政府负责、民主协商、社会协同、公众参与、法治保障、科技支撑的社会治理体系，健全共建共治共享的社会治理制度，提升社会治理效能。

相关链接

2020 年 8 月，习近平在经济社会领域专家座谈会上的讲话中指出：以共建共治共享拓展社会发展新局面。事实证明，发展起来以后的问题不比不发展时少。我国社会结构正在发生深刻变化，互联网深刻改变人类交往方式，社会观念、社会心理、社会行为发生深刻变化。“十四五”时期如何适应社会结构、社会关系、社会行为方式、社会心理等深刻变化，实现更加充分、更高质量的就业，健全全覆盖、可持续的社保体系，强化公共卫生和疾控体系，促进人口长期均衡发展，加强社会治理，化解社会矛盾，维护社会稳定，都需要认真研究并作出工作部署。

一个现代化的社会，应该既充满活力又拥有良好秩序，呈现出活力和秩序有机统一。要完善共建共治共享的社会治理制度，实现政府治理同社会调节、居民自治良性互动，建设人人有责、人人尽责、人人享有的社会治理共同体。要加强和创新基层社会治理，使每个社会细胞都健康活跃，将矛盾纠纷化解在基层，将和谐稳定创建在基层。要更加注重维护社会公平正义，促进人的全面发展和社会全面进步。

构建社会治理新格局，必须提高社会化、法治化、智能化、专业化水平。坚持群众观点和群众路线，激发全社会活力，提高社会治理社会化水平。发挥法治对社会治理的引领、规范和保障作用。更多运用互联网、大数据等信息技术手段，推进社会治理的科学化、精细化。建设高素质专业化干部队伍和社会治理各类人才队伍。

构建社会治理新格局，要健全社会矛盾综合治理机制，加强社会治安防控，推进社会治安防控体系现代化，编织全方位、立体化、智能化社会安全网，维护社会稳定和安全。要积极引导社会力量参与基层治理，完善基层民主协商制度，健全党组织领导的自治、法治、德治相结合的城乡基层社会治理体系。

启思导行

通过使用信息技术，依托市政服务平台，市民反映问题与相关市政部门处理问题更加便捷，提高了社会治理响应速度与治理效能。

● 你了解哪些利用信息技术提高社会治理效能的案例？与老师和同学分享。

二、维护国家主权、安全、发展利益

1. 认识总体国家安全观

阅读与思考

《中华人民共和国生物安全法》自2021年4月15日起正式实施，标志着我国生物安全进入依法治理的新阶段。有人可能会觉得，生物安全是离自己很远的宏大概念，其实不然——散布虚假疫情信息、非法基因编辑、基因信息外泄、放生导致物种入侵……生物安全遭受威胁的案例屡见不鲜，每个人都应该绷紧这根弦。

- 结合材料，谈一谈为什么说“国家安全，人人有责”。

国家安全是安邦定国的重要基石，是人民安居乐业的保证，维护国家安全是全国各族人民根本利益所在。统筹发展和安全，统筹开放和安全，增强忧患意识，做到居安思危，是党治国理政的一个重大原则。党的十八大以来，党创造性提出了总体国家安全观，重塑了中国国家安全体制机制，指明了中国特色国家安全道路方向。

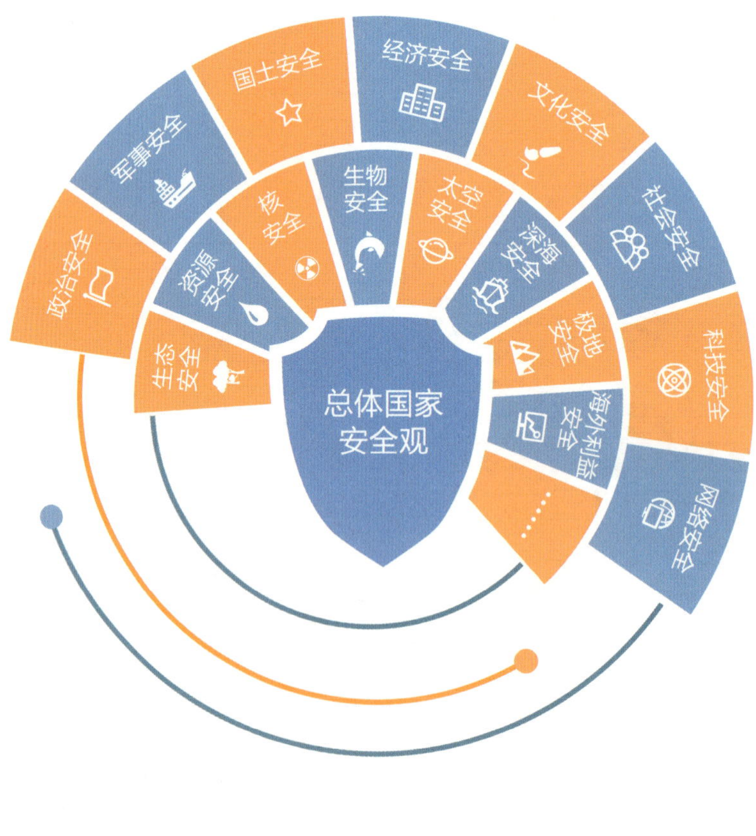

总体国家安全观关键在“总体”，突出的是“大安全”理念。总体国家安全观强调的是系统思维和方法，既重视发展问题又重视安全问题，既重视外部安全又重视内部安全，既重视国土安全又重视国民安全，既重视传统安全又重视非传统安全，既重视自身安全又重视共同安全。

相关链接

党和国家全力维护社会安定，2021 年常态化开展扫黑除恶斗争，共打掉涉黑组织 195 个、恶势力犯罪集团 1 086 个。紧盯人民群众反映强烈的突出违法犯罪，开展一系列专项活动。“团圆”行动已找回历年失踪被拐儿童 10 932 名，电信网络诈骗犯罪案件自 2020 年 6 月以来立案数连续 6 个月同比下降，为群众累计紧急拦截涉案资金 3 265 亿元，避免了 2 337 万名群众受骗；集中开展打击防范文物犯罪专项行动，破获各类文物犯罪 1 900 余起，抓获违法犯罪嫌疑人 2 600 余名。全力打好网络犯罪歼灭战和网络空间生态治理战，共侦办侵犯公民个人信息等网络犯罪案件 6.2 万起。全力维护人民群众“吃、住、用”安全，侦破食药环和知识产权领域刑事案件 6.6 万起，抓获犯罪嫌疑人 8.8 万名。大力实施禁毒“清源断流”战略，严打涉毒违法犯罪，破获毒品案件 5.4 万起，缴获各类毒品 27 吨。

2. 坚持总体国家安全观

阅读与思考

2014 年 11 月 1 日，《中华人民共和国反间谍法》颁布实施。国家安全机关不断强化专业斗争能力，在没有硝烟的战场上，与境外间谍情报机关开展针锋相对的较量，侦破了一批重大间谍案件。

随着时代的发展，境外机构策反境内人员的手法也发生了变化。他们搜集大量人员信息，筛选具有情报价值的对象，如军工、经济、技术、材料、生物等领域人才，渗透的领域不局限于军事、政治等传统安全领域，还包含能源、金融、通信等非传统安全领域。间谍可能潜伏在我们每个人身边，处心积虑，设下“连环套”，发现可以利用的对象，就会以提供“兼职”“资助”等方式，引诱目标一步步陷入他们设置的犯罪深渊。

- 联系实际，说说你对自觉维护国家安全的理解。
- 我们能为维护国家安全做些什么？

国泰民安是人民群众最基本、最普遍的愿望。坚持总体国家安全观就是坚持国家利益至上，以人民安全为宗旨，以政治安全为根本，以经济安全为基础，以军事科技文化社会安全为保障，以促进国际安全为依托，统筹维护和塑造国家安全，夯实国家安全和社会稳定基层基础，完善参与全球安全治理机制，建设更高水平的平安中国，以新安全格局保障新发展格局。

推进新时代国家安全事业全面发展，要坚持党对国家安全工作的绝对领导，把维护国家安全贯穿党和国家工作各方面全过程，维护政治安全、国土安全、经济安全、社会安全、网络安全等重点领域国家安全，增强忧患意识、防范风险挑战，尤其要高度警惕“黑天鹅”事件和“灰犀牛”事件。增强全党全国人民国家安全意识，推动全社会形成维护国家安全的强大合力。

相关链接

“黑天鹅”事件是指难以预测，但突然发生时会引起连锁反应、带来巨大负面影响的小概率事件。它存在于自然、经济、政治等各个领域，虽然属于偶然事件，但如果处理不好就会导致系统性风险，产生严重后果。

“灰犀牛”事件主要指明显的、高概率的却又屡屡被人忽视，最终有可能酿成大危机的事件。此类事件在社会各个领域都会出现，发酵之前往往不被重视，或者被当作一种正常的现象来认可或接受，以致错失了最好的处理或控制风险的时机，最后可能导致极其严重的后果。

辽宁舰编队

强国必须强军，军强才能国安。站在新的历史起点上，面对国家安全环境的深刻变化，面对强国强军的时代要求，党在新时代的强军目标是建设一支听党指挥、能打胜仗、作风优良的人民军队，把人民军队建设成为世界一流军队。必须全面贯彻习近平强军思想，把新时代强军事业不断推向前进。

相关链接

党的十八大以来，习近平在统揽伟大斗争、伟大工程、伟大事业、伟大梦想的实践中，高度重视国防和军队建设，奋力开拓以强军支撑强国的宏伟基业，创立形成了习近平强军思想。党的十九大把习近平强军思想写入党章，确立这一思想在国防和军队建设中的指导地位。

党的十八大以来，在党的坚强领导下，人民军队实现整体性革命性重塑，重整行装再出发，国防实力和经济实力同步提升，一体化国家战略体系和能力加快构建，建立健全退役军人管理保障体制，国防动员更加高效，军政军民团结更加巩固。人民军队坚决履行新时代使命任务，以顽强斗争精神和实际行动捍卫国家主权、安全、发展利益。

启思导行

2015 年 7 月 1 日，第十二届全国人民代表大会常务委员会第十五次会议通过的《中华人民共和国国家安全法》第十四条规定，每年 4 月 15 日为全民国家安全教育日。

- 查阅历年全民国家安全教育日主题，选择其中的一个，提出你的活动方案。

2016 年主题：________________

2017 年主题：________________

2018 年主题：________________

2019 年主题：________________

2020 年主题：________________

2021 年主题：________________

2022 年主题：________________

2023 年主题：________________

2024 年主题：________________

活动方案：

____

____

____

____

____

____

内容概览

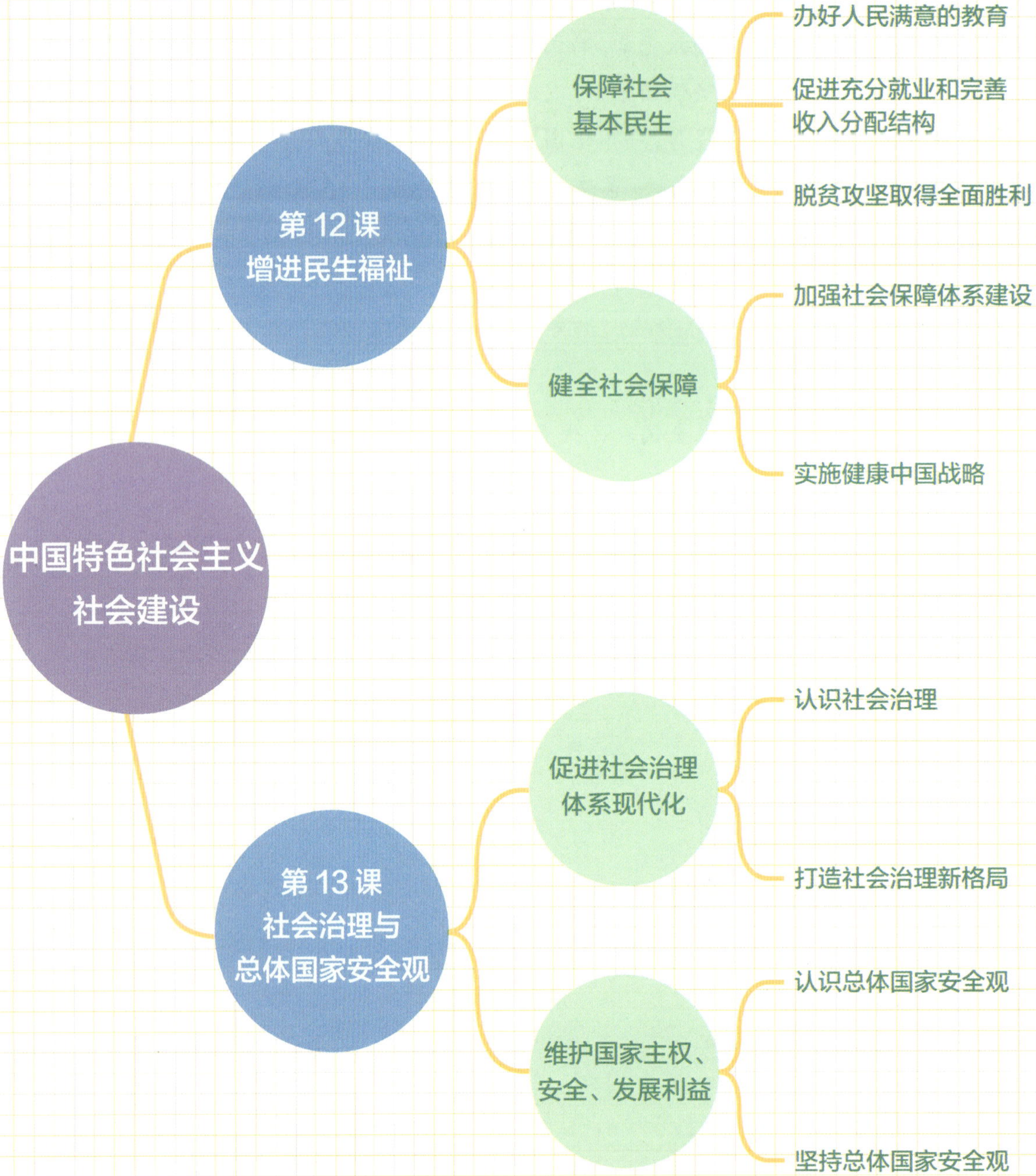
中国特色社会主义
社会建设
第 12 课
增进民生福祉
保障社会
基本民生
办好人民满意的教育
促进充分就业和完善
收入分配结构
脱贫攻坚取得全面胜利
健全社会保障
加强社会保障体系建设
实施健康中国战略
第 13 课
社会治理与
总体国家安全观
促进社会治理
体系现代化
认识社会治理
打造社会治理新格局
维护国家主权、
安全、发展利益
认识总体国家安全观
坚持总体国家安全观

学以致用

参与社会治理　增强幸福感

▶活动目标

1. 了解保障民生的基本要求，认识实施健康中国战略的意义，深化对社会治理复杂性的了解，科学理性地认识社会建设的现状和存在的问题，明确参与社会治理、自觉维护国家安全的方法。

2. 感悟党带领人民过上美好生活的信心和决心，坚定对中国共产党和中国特色社会主义的认同。

3. 养成健康生活的理念，树立“社会治理，人人有责”“国家安全，人人有责”的信念，积极投身中国特色社会主义伟大实践。

▶活动任务与建议

任务一：围绕“为什么要加快建设现代职业教育体系”，探讨国家发展职业教育对全面建设社会主义现代化国家的意义

1. 可搜集本校或本地其他职业院校发展资料，了解优秀毕业生的成就和事迹，理解职业教育对地方经济或区域发展的重要贡献，并在课堂上分享。

2. 可走访企业人力资源部门，了解产业转型升级对人才的新需求，理解通过职业教育培养高素质劳动者和技术技能人才对国家发展的重要性，并形成采访报告。

任务二：围绕“我们的获得感、幸福感、安全感从哪里来”，探讨“幼有所育、学有所教、劳有所得、病有所医、老有所养、住有所居、弱有所扶”的重要性

1. 访问周围的人，了解本地政府为保障群众基本生活，在脱贫攻坚、乡村振兴、美好社区建设、医疗卫生服务等方面采取的主要举措，感受党带领人民过上美好生活的信心和决心，并撰写感想。

2. 可到敬老养老院、社会福利院、医院等场所参加社会公益活动，感受我国保障和改善民生的成绩，提出改进的合理建议，为民生建设建言献策。

任务三：围绕“社会是我家，治理靠大家”，理解打造共建共治共享的社会治理格局的重要意义和基本要求

1. 可组织开展交流，各自介绍自己生活居住的地方有哪些社会问题，如垃圾乱丢乱放、占用公共空间等，以及由此引发的邻里纠纷的前因后果，了解社会问题的复杂性和社会治理的重要性。

2. 可联系居委会/村委会从事志愿活动，在实践中观察并了解社区/村落如何解决居民/村民针对生活琐事所提出的诉求，了解开展社会治理的必要性，并形成实践报告。

任务四：围绕“为什么‘国家安全，人人有责’”，探讨有效维护国家安全的意义和基本要求

1. 可观看国家安全教育宣传片，查阅《中华人民共和国国家安全法》，分组讨论个人对维护国家安全应承担的责任和义务。

2. 可进行安全教育知识竞赛，解析危害国家安全的典型事例，了解维护国家安全的有效举措，增强国家安全意识，自觉维护国家安全。

▶活动评价

评价内容	评价人员	评价方式	评价维度						总结反思
			语言表达	问题分析	事件处理	成果呈现	个人状态	团队合作	

说明：

- 评价人员：本人、同学、家长、教师等。
- 评价方式：采用赋分评价、评语结论评价等。
- 评价维度：语言表达是否清晰准确，问题分析是否全面准确，事件处理是否恰当，成果呈现是否完整，个人状态是否积极，团队合作是否有效。
- 总结反思：从成效、改进措施等方面进行。

第六单元 中国特色社会主义生态文明建设

建设生态文明，关系人民福祉，关乎民族未来。必须牢固树立和践行绿水青山就是金山银山的理念，站在人与自然和谐共生的高度谋划发展，建设美丽中国。

通过本单元学习，我们将明确建设美丽中国的基本要求，理解建设生态文明是中华民族永续发展的千年大计，提高我们参与生态文明建设的能力。

第14课 推进绿色发展

生态文明是社会进步的重大成果，是实现人与自然和谐发展的必然要求。人与自然该如何相处？如何正确处理经济发展与环境保护的关系？怎样才能实现可持续发展？学习本课，我们将进一步理解人与自然和谐共生、绿水青山就是金山银山的理念，把握推进生产方式、生活方式绿色转型的意义与要求。

一、生态文明建设的基本理念

1. 人与自然和谐共生

阅读与思考

恩格斯在《自然辩证法》中写道："美索不达米亚、希腊、小亚细亚以及其他各地的居民，为了得到耕地，毁灭了森林，但是他们做梦也想不到，这些地方今天竟因此而成为不毛之地，因为他们使这些地方失去了森林，也就失去了水分的积聚中心和贮藏库。"四大文明古国均发源于森林茂密、水量丰沛、田野肥沃的地区。古代埃及、古代巴比伦的衰落与生态环境衰退特别是严重的土地荒漠化直接相关。我国历史上一些地区也有过惨痛教训，楼兰古城因屯垦开荒、盲目灌溉，导致孔雀河改道而衰落。

楼兰古城的建筑遗存

始建于战国时期的都江堰，距今已有2 000多年历史。这一根据岷江的洪涝规律和成都平原悬江的地势特点，因势利导建设的大型水利工程，不仅造福当时，而且泽被后世。

都江堰

- 人与自然是怎样的关系？
- 我们应该如何正确处理人与自然的关系？

大自然是人类赖以生存发展的基本条件。自然是生命之母，广袤的草原、肥沃的土地、渔产丰富的江河湖海等，不仅给人类提供了生活资料来源，也给人类提供了生产资料来源。大自然孕育抚养了人类，人类应该以自然为根，尊重自然、顺应自然、保护自然。

人与自然是生命共同体。生态兴则文明兴，生态衰则文明衰。古今中外，生态破坏、文明衰落的事例众多。历史教训表明，在整个发展过程中，不能只讲索取不讲投入，只讲发展不讲保护，只讲利用不讲修复。只有遵循自然规律才能有效防止在开发利用自然上走弯路，人类对大自然的伤害最后会伤及人类自身，这是无法抗拒的规律。

> 要像保护眼睛一样保护生态环境，像对待生命一样对待生态环境。
>
> ——习近平

改革开放以来，我国经济发展取得巨大成就，也积累了不少生态环境问题。为扭转这一局面，我们坚持节约资源和保护环境的基本国策，坚持节约优先、保护优先、自然恢复为主的方针，坚定不移走生产发展、生活富裕、生态良好的文明发展道路。党的十八大以来，以习近平同志为核心的党中央以前所未有的力度抓生态文明建设，全党全国推动绿色发展的自觉性和主动性显著增强，美丽中国建设迈出重大步伐，我国生态环境保护发生历史性、转折性、全局性变化。在推进生态文明建设的实践中，形成了习近平生态文明思想，为推进美丽中国建设、实现人与自然和谐共生的现代化提供了科学指引和根本遵循。

相关链接

习近平生态文明思想是习近平新时代中国特色社会主义思想的重要组成部分，系统阐释了人与自然、保护与发展、环境与民生、国内与国际等关系，就其主要方面来讲，集中体现为“十个坚持”。

① 坚持党对生态文明建设的全面领导。

② 坚持生态兴则文明兴。

③ 坚持人与自然和谐共生。

④ 坚持绿水青山就是金山银山。

⑤ 坚持良好生态环境是最普惠的民生福祉。

⑥ 坚持绿色发展是发展观的深刻革命。

⑦ 坚持统筹山水林田湖草沙系统治理。

⑧ 坚持用最严格制度最严密法治保护生态环境。

⑨ 坚持把建设美丽中国转化为全体人民自觉行动。

⑩ 坚持共谋全球生态文明建设之路。

2. 绿水青山就是金山银山

阅读与思考

浙江省安吉县余村是习近平提出“绿水青山就是金山银山”的地方。20 世纪八九十年代，这里靠着优质的矿石资源成为安吉“首富村”，却也付出了环境污染的代价。2005 年 8 月 15 日，时任浙江省委书记的习近平到这儿考察时，以充满前瞻性的战略眼光，首次提出“绿水青山就是金山银山”的重要论断。余村人以此为指导，因地制宜发展白茶、椅业等产业，大力发展生态休闲旅游经济。如今的余村，群山苍翠，竹海绵延，已成为国家 4A 级景区、全国文明村、宜居示范村。

20 世纪 80 年代的余村

如今的余村

● 结合余村发生的巨大变化，说说你对“绿水青山就是金山银山”的理解。

我们既要绿水青山，也要金山银山；宁要绿水青山，不要金山银山，而且绿水青山就是金山银山。这既是重要的发展理念，也是推进现代化建设的重大原则。

绿水青山就是金山银山，阐述了经济发展和生态环境保护的关系。良好生态本身蕴含着无穷的经济价值，能够源源不断创造综合效益，实现经济社会可持续发展。生态环境保护的成败，归根到底取决于经济结构和经济发展方式。经济发展不应是对资源和生态环境的竭泽而渔，生态环境保护也不应是舍弃经济发展的缘木求鱼，而是要坚持在发展中保护、在保护中发展。

> 保护生态环境就是保护生产力，改善生态环境就是发展生产力。
>
> ——习近平

相关链接

可持续发展是指在不损害后代人满足其自身需要的能力的前提下满足当代人的需要的发展。

良好的生态环境是人民群众的共有财富，是最公平的公共产品、最普惠的民生福祉。山峦层林尽染，平原蓝绿交融，城乡鸟语花香，这样的自然美景，带给人们美的享受。对人的生存来说，生态环境没有替代品。金山银山固然重要，但如果空气、饮用水都不合格，哪有什么幸福可言。空气、水、土壤、蓝天等自然资源用之不觉、失之难续。发展经济是为了民生，保护生态环境同样也是为了民生。要坚持生态惠民、生态利民、生态为民，让良好生态环境成为人民幸福生活的增长点。

绿水青山既是自然财富、生态财富，又是社会财富、经济财富。绿水青山是大自然的慷慨馈赠，也是人类永续发展的最大本钱。离开了绿水青山，人类社会的一切财富都将成为无源之水、无本之木。要坚定不移地保护绿水青山这个“金饭碗”，利用自然优势发展特色产业，因地制宜壮大“美丽经济”，把绿水青山蕴含的生态产品价值转化为金山银山。

相关链接

河北省塞罕坝机械林场自1962年建场以来，几代人听从党的召唤，响应国家号召，在荒漠沙地上艰苦奋斗、甘于奉献，成功培育出世界上面积最大的人工林，创造了荒原变林海的人间奇迹，用实际行动诠释了绿水青山就是金山银山的理念。党的十九大以来，林场大力推进荒山造林绿化，完成各类造林数万亩，每年产出的物质产品和生态服务总价值达上百亿元；林场良好的生态环境带动了周边区域乡村游、农家乐、土特产品加工等产业迅速发展，有力带动了周边乡村脱贫致富。2017年9月，林场被命名为全国首批“绿水青山就是金山银山”实践创新基地。2021年2月，在全国脱贫攻坚总结表彰大会上，林场被授予“全国脱贫攻坚楷模”荣誉称号；同年9月，获得联合国防治荒漠化领域最高荣誉——“土地生命奖”。

启思导行

- 随着经济社会的不断发展，生态保护问题越来越为人们所重视。你的家乡为保护生态采取了哪些举措，效果如何？你对家乡政府进一步加强生态保护有何建议？

二、实现可持续发展

1. 推进绿色生产方式

阅读与思考

2020年9月，习近平在第七十五届联合国大会一般性辩论上的讲话中提出："应对气候变化《巴黎协定》代表了全球绿色低碳转型的大方向，是保护地球家园需要采取的最低限度行动，各国必须迈出决定性步伐。中国将提高国家自主贡献力度，采取更加有力的政策和措施，二氧化碳排放力争于2030年前达到峰值，努力争取2060年前实现碳中和。"2022年，党的二十大报告进一步强调："积极稳妥推进碳达峰碳中和。实现碳达峰碳中和是一场广泛而深刻的经济社会系统性变革。立足我国能源资源禀赋，坚持先立后破，有计划分步骤实施碳达峰行动。"

- 查阅资料，了解什么是"碳达峰"和"碳中和"。
- 我国为什么制定上述目标？

绿色生产方式，要求按照有利于生态环境保护的原则组织生产，创造绿色产品、满足绿色消费。

相关链接

绿色产品是指在生产和使用过程中，不会污染环境和破坏生态的产品。从开发设计、原料采用、加工制造、流通、使用、报废处理到再利用的全过程，都采取无污染或少污染的工艺，即"清洁工艺"，以最大限度减轻或消除对环境的不良影响。

> 绿色是生命的象征、大自然的底色，更是美好生活的基础、人民群众的期盼。
>
> ——习近平

生态环境问题归根结底是发展方式和生活方式问题。要从根本上解决生态环境问题，必须贯彻绿色发展理念，坚决摒弃损害甚至破坏生态环境的发展方式，坚决摒弃以牺牲生态环境换取一时一地经济增长的做法，推进生产方式绿色转型，实现可持续发展。

推进生产方式绿色转型，就要坚持以科技创新为先导，以资源能源节约和高效利用为抓手，全方位全过程推进生产方式的绿色低碳循环化改造，在生产的全过程中提高绿色发展水平。

2. 形成绿色生活方式

阅读与思考

我国每年浪费的食物相当于 2 亿人一年的口粮，数量惊人，反对“舌尖上的浪费”刻不容缓。在我国经济较为发达的大城市，机动车排放的一氧化碳、碳氢化合物、氮氧化物、细颗粒物是空气污染的重要污染物，推广“绿色出行”事不宜迟。

● 请查找《中华人民共和国反食品浪费法》，看看对个人与家庭饮食有哪些相关规定。除了反对“舌尖上的浪费”和提倡“绿色出行”外，你还知道哪些绿色生活方式？

绿色生活方式，是指人们在衣、食、住、用、行等日常生活中注重自然、环保、节俭、健康的生活方式，体现了人们良好的个人修养和社会责任意识。

相关链接

绿色生活方式，倡导人们在生活作息时尽量减少能量耗费，从而减低含碳物质的燃烧，减少二氧化碳的排放量，进而减少对大气的污染，减缓生态恶化和温室效应。

绿色生活涉及日常生活的各个方面，从早到晚，从头到脚，几乎每个人每天每一个生活细节都会涉及绿色或不绿色的选择问题。我们的生活方式是否绿色，直接关系能源资源消耗和生活废弃物的产生与排放，对生态环境具有重大影响。形成绿色生活方式，是从根本上解决生态问题，实现可持续发展的又一内在要求。

上海市区巡回宣传的垃圾分类新时尚流动彩车

推动形成绿色生活方式，要在全社会牢固树立生态文明理念，增强全民节约意识、环保意识、生态意识，培养生态道德和行为准则，让天蓝地绿水清深入人心；要开展创建节约型机关、绿色家庭、绿色学校、绿色社区和绿色出行等行动，形成文明健康的生活风尚；要完善政策法规，加强对人们消费行为的规范与引导。

> 每个人都是生态环境的保护者、建设者、受益者，没有哪个人是旁观者、局外人、批评家，谁也不能只说不做、置身事外。
>
> ——习近平

启思导行

- 想一想：在家庭生活、公共场合、未来职场，我们能为环境保护做些什么？

在家庭生活中，我们应______________________________

____

____

在公共场合中，我们应______________________________

____

____

在未来职场中，我们应______________________________

____

____

第15课
建设美丽中国

为何要坚决打赢蓝天碧水保卫战、深入打好净土保卫战？为何要加大生态系统保护力度、改革生态环境监管体制？如何做好这些工作？学习本课，我们将了解当前美丽中国建设迫切需要解决的突出生态环境问题，认识优化我国生态安全屏障体系的主要举措。

一、着力解决突出生态环境问题

1. 深入打好蓝天碧水保卫战

阅读与思考

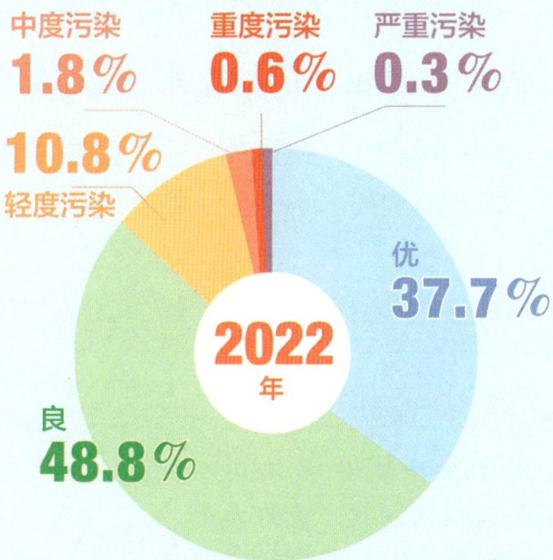

2022年全国339个地级及以上城市环境空气质量各级别天数比例

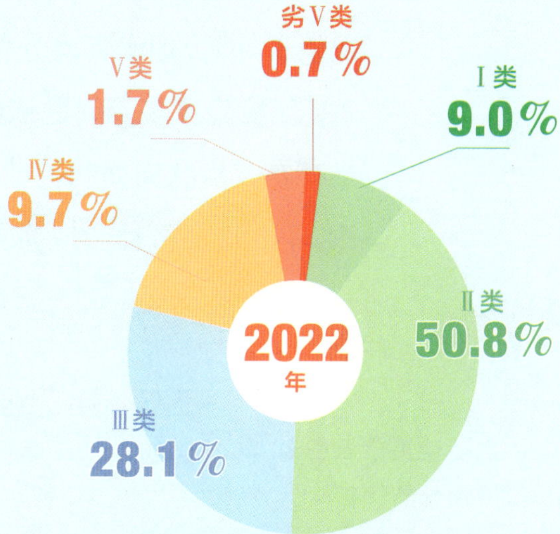

2022年全国地表水水质类别比例

- 结合材料及生活实际，谈谈你对家乡空气质量和水质情况的看法。

> 以空气质量明显改善为刚性要求，强化联防联控，基本消除重污染天气，还老百姓蓝天白云、繁星闪烁。
>
> ——习近平

空气是人类赖以生存的环境因素。人类生存离不开清洁的空气。空气质量直接关系人民群众的身体健康。党的十八大以来，我国大气环境质量总体向好，细颗粒物（PM2.5）浓度明显降低，重污染天数明显减少，人民的蓝天幸福感明显增强，但与人民群众对空气质量改善的期望相比仍有一定差距。

相关链接

PM2.5 是指环境空气中空气动力学当量直径小于等于 2.5 微米的颗粒物，也称细颗粒物或可入肺颗粒物。虽然 PM2.5 只是地球大气成分中含量很少的组成部分，但它对空气质量和能见度等有重要的影响。PM2.5 粒径小，含有大量的有毒、有害物质，且在大气中的停留时间长、输送距离远，因而对人体健康和大气环境质量的影响更大。2012 年 2 月，我国新修订的《环境空气质量标准》中增加了 PM2.5 监测指标。我国地级及以上城市 PM2.5 的年均值由 2015 年的 46 微克 / 立方米降至 2021 年的 30 微克 / 立方米，我国成为全球大气质量改善速度最快的国家。

深入打好蓝天保卫战，需坚持全民共治、源头防治，持续实施大气污染防治行动；调整优化产业结构、能源结构和交通运输结构，加强扬尘和挥发性有机物污染治理；着力打好重污染天气消除攻坚战、臭氧层污染防治攻坚战，强化秸秆综合利用和禁烧管控。

水是生存之本、文明之源。近些年来，在我国地表水中，水质整体情况趋于好转，但水资源分布不平衡，一些地区水环境质量差、水生态受损重、环境隐患多等问题依然突出。地下水是重要的战略水资源，部分污染存在呈点状向面状扩散的风险。这些问题的存在，影响和损害群众健康，不利于经济社会持续发展。

相关链接

《地表水环境质量标准》（GB 3838—2002）

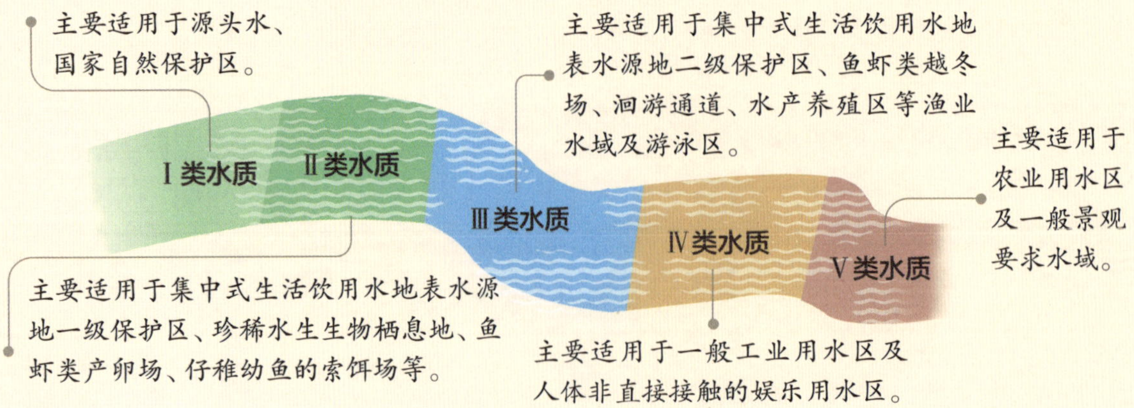

深入打好碧水保卫战，要以改善水环境质量为核心，强化源头治理、水陆统筹、河海兼顾，对江河湖海实施分流域、分区域、分阶段科学治理，系统推进水污染防治、水生态保护和水资源管理。要坚持精准治污、科学治污、依法治污，持续打好城市黑臭水体治理、长江保护修复、黄河生态保护治理、重点海域综合治理等标志性战役，推进美丽河湖、美丽海湾保护与建设。要从源头上有效控制陆源污染物入海排放，加快建立海洋生态补偿和生态损害赔偿制度，开展海洋修复工程，推进海洋自然保护区建设。

长江保护修复攻坚战取得显著成效

相关链接

地球上海洋总面积约为 3.6 亿平方千米，约占地球表面积的 71%；含有约 13.5 亿立方千米的水，约占地球上总水量的 97%。海洋是地球上决定气候发展的主要因素之一，它不仅拥有丰富的矿产资源，同时海洋中的鱼和贝类能够为人类提供营养丰富的蛋白食物。我国海洋国土面积约 300 万平方千米，与陆地国土一样是中华民族赖以生存和发展的基础。当前，我国海洋资源与生态环境面临着严峻挑战，亟须加强保护和治理。

2. 深入打好净土保卫战

阅读与思考

为加强土壤污染防治，逐步改善土壤环境质量，2016 年 5 月，国务院印发《土壤污染防治行动计划》，提出以下阶段性目标。

2020 年

全国土壤污染加重趋势得到初步遏制，土壤环境质量总体保持稳定，农用地和建设用地土壤环境安全得到基本保障，土壤环境风险得到基本管控。

2030 年

全国土壤环境质量稳中向好，农用地和建设用地土壤环境安全得到有效保障，土壤环境风险得到全面管控。

本世纪中叶

土壤环境质量全面改善，生态系统实现良性循环。

- 查阅资料，说说我国为何要推进净土保卫战。
- 深入打好净土保卫战，需要我们做哪些方面的工作？

土壤是经济社会可持续发展的物质基础，是人类生存、兴国安邦的战略资源。万物土中生，土壤污染直接影响作物生长，关系着家家户户的“米袋子”“菜篮子”“水缸子”，关系人民群众身体健康，关系美丽中国建设。

土壤污染，是指因人为因素导致某种物质进入陆地表层土壤，引起土壤化学、物理、生物等方面特性的改变，影响土壤功能和有效利用，危害公众健康或者破坏生态环境的现象。目前，我国耕地、林地、草地、未利用地土壤均存在不同程度的污染；在重污染企业或工业密集区、工矿开采及周边地区、部分城市和城郊地区，土壤污染问题较为突出。

打好净土保卫战，尊重土壤污染防治客观规律，要坚持预防为主、保护优先、风险管控，突出重点区域、行业和污染物，实施分类别、分用途、分阶段治理，严控新增污染，逐步减少存量。要深入推进农用地土壤污染防治和安全利用，有效管控建设用地土壤污染风险，全面禁止“洋垃圾”入境，稳步推进“无废城市”建设，加快补齐医疗废物、危险废物收集处理设施方面短板，强化地下水污染协同防治。

相关链接

土壤污染防治与大气污染防治、水污染防治、固体废物污染防治高度关联，要综合施策、整体推进。重金属含量高是土壤污染的重要表现。防止土壤重金属污染，应严格控制涉重金属行业企业污染物排放，防止废水排放污染灌溉水源，降低大气重金属沉降对周边耕地土壤的累积性风险；应排查整治固体废物，防止废渣或重金属污染底泥随灌溉用水或洪水进入农田，导致土壤污染。

从国内外实践来看，土壤污染的形成非一朝一夕，问题的解决也不可能一蹴而就。土壤污染治理周期长、成本高、见效慢，面对当前严峻的土壤环境形势，要充分认识土壤污染防治工作的紧迫性、长期性、艰巨性、复杂性，既要做好打攻坚战的准备，更要具备打持久战的耐心。

启思导行

土壤污染风险的形成需要具备三要素：污染物、暴露途径和受体（比如人）。资料显示，1节烂在地里的1号电池能污染1平方米土地，并造成永久性公害。我们随意丢弃的不可降解废旧塑料，在自然界中停留时间非常漫长，不仅会带来严重的“视觉污染”，还会造成严重的空气、水、土壤污染。

- 如何才能有效管控环境污染对人体健康的风险？我们可以采取什么措施，来降低环境污染风险？

二、优化生态安全屏障体系

1. 加大生态系统保护力度

阅读与思考

毛乌素沙漠被称为“人造沙漠”。历史上，这里曾水草丰美、牛羊成群，自唐代起至明清，由于人类的不合理开发利用，逐渐变成了茫茫大漠。

毛乌素沙漠总面积4.22万平方千米，其中一半在陕西榆林境内。新中国成立之初，“风刮黄沙难睁眼，庄稼苗苗出不全。房屋埋压人移走，看见黄沙就摇头”，是榆林地区恶劣生态环境的真实写照。经过几代人的艰辛治理，到2020年，榆林沙化土地治理率已达93.24%，这意味着毛乌素沙漠即将从陕西“消失”。毛乌素沙漠其他区域的治理工作，也都取得了很高的成就。

曾经全是沙漠的榆林市西沙地区

现在的榆林市西沙地区

- 毛乌素地区的变化给我们什么启示？
- 我们应该如何保护赖以生存的生态环境？

> 人的命脉在田，田的命脉在水，水的命脉在山，山的命脉在土，土的命脉在林和草，这个生命共同体是人类生存发展的物质基础。
>
> ——习近平

健康稳定的自然生态系统能够为人类提供生命支持、生态调节、产品供给和文化娱乐等，对于维护生态安全和经济社会可持续发展具有十分重要的意义。加大生态系统保护与修复力度，是建设美丽中国，构建生态安全体系的必然要求。

加大生态保护与修复力度，要坚持系统观念，统筹山水林田湖草沙一体化保护和系统治理。生态是统一的自然系统，是相互依存、紧密联系的有机链条。山水林田湖草沙之间相互联系、相互制约，要从系统工程和全局角度寻求新的解决之道，全方位、全地域、全过程开展生态文明建设。

加大生态保护与修复力度，要科学构建国土空间生态安全格局，强化用途管制，划定并严守生态保护红线、环境质量底线、资源利用上线，组织实施主体功能区战略，推进以国家公园为主体的自然保护地体系建设，加强生物多样性保护，系统开展生态退化地区修复治理，科学开展大规模国土绿化行动，完善立法、严格执法，加强法治保障。

相关链接

国家公园是指由国家批准设立并主导管理，边界清晰，以保护具有国家代表性的大面积自然生态系统为主要目的，实现自然资源科学保护和合理利用的特定陆地或海洋区域。2021年10月，习近平在《生物多样性公约》第十五次缔约方大会领导人峰会的讲话中宣布，中国正式设立三江源、大熊猫、东北虎豹、海南热带雨林、武夷山等第一批国家公园。

武夷山国家公园

2. 实行最严格的生态环境保护制度

阅读与思考

我国古代很早就把关于自然生态的观念上升为国家管理制度，专门设立掌管山林川泽的机构，制定政策法令，这就是虞衡制度。《周礼》记载，设立“山虞掌山林之政令，物为之厉而为之守禁”“林衡掌巡林麓之禁令，而平其守”。秦汉时期，虞衡制度分为林官、湖官、陂官、苑官、畴官等。虞衡制度一直延续到清代。

党的十八大提出，“建立国土空间开发保护制度，完善最严格的耕地保护制度、水资源管理制度、环境保护制度”。党的十九大进一步要求，“实行最严格的生态环境保护制度”。党的二十大进一步强调，“深入推进中央生态环境保护督察”。

为保护和改善环境，防治污染和其他公害，保障公众健康，推进生态文明建设，促进经济社会可持续发展，我国制定了《中华人民共和国环境保护法》。

- 你还知道哪些保护生态环境的法律法规？

保护生态环境必须依靠制度、依靠法治。我国生态环境保护中存在的问题大多同体制不健全、制度不严格、法治不严密、执行不到位、惩处不得力有关。

要加快制度创新，增加制度供给，完善制度配套，必须构建产权清晰、多元参与、激励约束并重、系统完整的生态文明制度体系。党的十九届四中全会提出坚持和完善生态文明体系，把生态文明建设纳入法治化、制度化轨道，要实行最严格的生态环境保护制度，全面建立资源高效利用制度，健全生态保护和修复制度，严明生态环境保护责任制度。

相关链接

党的十八大以来，党组织实施主体功能区战略，建立健全自然资源资产产权制度、国土空间开发保护制度、生态文明建设目标评价考核制度和责任追究制度、生态补偿制度、河湖长制、林长制、环境保护“党政同责”和“一岗双责”等制度，制定修订相关法律法规。

制度的生命力在于执行。要落实中央生态环境保护督察制度，推动层层压实环保责任，保证党中央关于生态文明建设决策部署落地生根见效。对破坏生态环境的行为不能手软，要下大气力抓住破坏生态环境的反面典型，释放出严加惩处的强烈信号。对任何地方、任何时候、任何人，凡是需要追责的，必须一追到底，决不能让制度规定成为“没有牙齿的老虎”。

启思导行

地球是全人类赖以生存的唯一家园，珍爱和呵护地球是人类的唯一选择。面对全球环境治理前所未有的困难，国际社会要以前所未有的雄心和行动，勇于担当，勠力同心，共同构建人与自然生命共同体。

- 查阅相关资料，了解我国在应对全球变暖等方面所作的贡献，说说我们能够做些什么。

内容概览

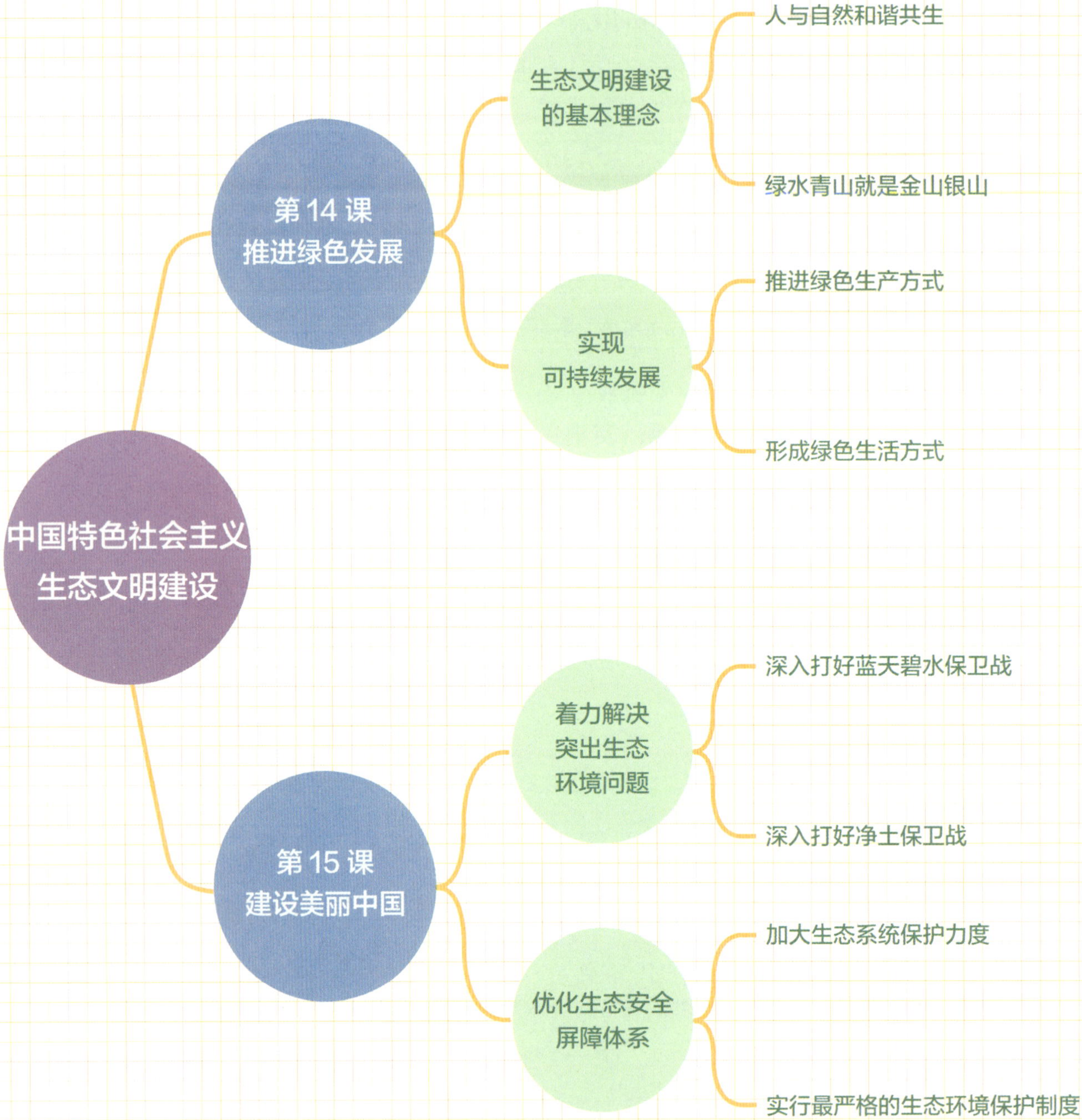

中国特色社会主义生态文明建设
第14课
推进绿色发展
生态文明建设的基本理念
人与自然和谐共生
绿水青山就是金山银山
实现可持续发展
推进绿色生产方式
形成绿色生活方式
第15课
建设美丽中国
着力解决突出生态环境问题
深入打好蓝天碧水保卫战
深入打好净土保卫战
优化生态安全屏障体系
加大生态系统保护力度
实行最严格的生态环境保护制度

学以致用

参与生态文明建设　共筑美好家园

▶活动目标

1. 明白人与自然是生命共同体、绿水青山就是金山银山的道理，懂得实现生产方式、生活方式绿色转型的主要原因与基本要求，明白打赢蓝天碧水保卫战和深入打好净土保卫战的重大意义，了解制度建设对建设美丽中国的意义与作用，深化对我国实行最严格的生态环境保护制度的理解。

2. 树立生态文明新理念，深化对党和国家推进污染防治攻坚战的认同。

3. 增强环境保护意识与能力，提高敬畏制度、遵守制度的自觉性，做新时代美丽中国建设的自觉行动者。

▶活动任务与建议

任务一：围绕“为什么说‘绿水青山就是金山银山’”，探讨如何正确处理经济发展与生态环境保护的关系

1. 可分组搜寻一个在地方经济发展中正确或没有正确处理经济发展与生态环境保护关系的典型案例，了解其变化过程，分析其发生原因，并在班级交流分享，认识正确处理经济发展与生态环境保护关系的意义与要求，做绿水青山的热爱者、守护者。

2. 可就“绿水青山就是金山银山”查阅相关资料，梳理这一理论的提出背景、形成过程，做一期手抄报，在实践中感悟热爱自然、保护自然的重要性。

3. 分组查阅相关资料，看看与所学专业相匹配的行业或自己未来想从事的职业，目前的生产方式是否绿色环保，并就存在的问题提出优化建议，从职业规划视角关注生产发展与生态环境保护的关系。

任务二：围绕“美丽中国，人人有责”，探讨推进生态文明建设的有效举措

1. 可通过访问专家、查阅资料等方式，调查党的十八大以来，我国生态文明建设所取得的重大成就，了解2035年我国生态文明建设的主要目标，运用所学知识分析取得这些成就的主要原因，并绘制实现未来发展目标的思维导图，关注美丽中国建设。

2. 在了解文明校园、绿色校园建设要求的基础上，看看自己所在学校绿色校园建设的基本情况，并就改进绿色校园建设提出具体建议，汇总后形成绿色校园建设倡议书，关心学校、热爱学校，积极参与绿色校园建设。

3. 可组织“简约适度、绿色低碳的生活方式”主题班会，从衣、食、住、用、行等各个方面，对比绿色生活方式的要求，列出清单；就自己最感兴趣的问题，制作演示文稿或“环保简报”，通过班级讲授或展示的方式，与同学交流分享；从我做起、从小事做起，做新时代美丽中国建设的积极参与者。

▶活动评价

评价内容	评价人员	评价方式	评价维度						总结反思
			语言表达	问题分析	事件处理	成果呈现	个人状态	团队合作	

说明：

- 评价人员：本人、同学、家长、教师等。
- 评价方式：采用赋分评价、评语结论评价等。
- 评价维度：语言表达是否清晰准确，问题分析是否全面准确，事件处理是否恰当，成果呈现是否完整，个人状态是否积极，团队合作是否有效。
- 总结反思：从成效、改进措施等方面进行。

结　语

新时代孕育新使命，新使命呼唤新担当，新担当需要新青年。中华民族近代以来最伟大梦想是什么？我们怎样才能成为担当民族复兴大任的时代新人？学习本课，我们将知道新时代给当代青年成才搭建了广阔舞台，懂得为实现中国梦而奋斗，做有理想、有本领、有担当的时代新人。

实现中国梦

阅读与思考

中华民族一直是个充满梦想的民族。5 000多年文明求索的征程上，留下了无数追梦的艰辛、圆梦的喜悦。从《礼记·礼运》中"老有所终，壮有所用，幼有所长，矜寡孤独废疾者，皆有所养"的理想，到历朝历代农民起义者"等贵贱、均贫富""无处不均匀、无人不饱暖"的追求，再到康有为的"世界大同"、孙中山的"天下为公"理想，梦想始终伴随着中华民族前进的步伐。

2012年11月29日，习近平在参观"复兴之路"展览时，阐释了"中国梦"的含义。他说："大家都在讨论中国梦，我以为，实现中华民族伟大复兴，就是中华民族近代以来最伟大的梦想。"

- 党的十八大以来，"中国梦"成为社会生活中的热词，分享你对"中国梦"的理解。
- "只有创造过辉煌的民族，才懂得复兴的意义；只有历经过苦难的民族，才对复兴有如此深切的渴望"，结合材料和相关史实，说说你对这句话的理解。

实现中华民族伟大复兴，是中华民族近代以来最伟大的梦想，是激励中华儿女团结奋进、开辟未来的精神旗帜。

实现中华民族伟大复兴的中国梦，就是要实现国家富强、民族振兴、人民幸福。这个梦想，把国家的追求、民族的向往、人民的期盼融为一体，体现了中华民族和中国人民的整体利益，表达了每个中华儿女的共同愿景，已成为激荡在14亿多人心中的高昂旋律，成为中华民族团结奋斗的最大公约数和最大同心圆。

相关链接

国家富强，就是要在全面建成小康社会基础上，全面建成富强民主文明和谐美丽的社会主义现代化强国。民族振兴，就是要使中华民族更加坚强有力地自立于世界民族之林，为人类作出新的更大的贡献。人民幸福，就是要坚持以人民为中心，增进人民福祉，促进人的全面发展，朝着共同富裕方向稳步前进。

中国梦是国家的梦、民族的梦，归根到底是人民的梦。人民是中国梦的主体，是中国梦的创造者和享有者。中国梦的深厚源泉在于人民，根本归宿也在于人民，只有同中国人民对美好生活的向往结合起来才能取得成功。

相关链接

2020年11月，习近平在全国劳动模范和先进工作者表彰大会上的讲话中指出：进入新时代以来，我国工人阶级和广大劳动群众在实现中国梦伟大进程中拼搏奋斗、争创一流、勇攀高峰，为决胜全面建成小康社会、决战脱贫攻坚发挥了主力军作用，用智慧和汗水营造了劳动光荣、知识崇高、人才宝贵、创造伟大的社会风尚，谱写了“中国梦·劳动美”的新篇章。

中国梦同世界人民的梦想息息相通。中国一心一意办好自己的事情，实现国家发展和稳定，既是对自己负责，也是为世界作贡献。中国将同国际社会一道，推动构建人类命运共同体，建设持久和平、普遍安全、共同繁荣、开放包容、清洁美丽的世界，为人类和平与发展的崇高事业作出新的更大贡献。

今天，我们比历史上任何时期都更接近、更有信心和能力实现中华民族伟大复兴的目标。伟大梦想不是等得来、喊得来的，而是拼出来、干出来的。实现伟大梦想，必须进行伟大斗争，必须建设伟大工程，必须推进伟大事业。

做担当民族复兴大任的时代新人

阅读与思考

不同岗位的劳动者在平凡岗位上默默坚守，孜孜以求，用自己灵巧的双手，匠心筑梦，书写着不平凡的人生。

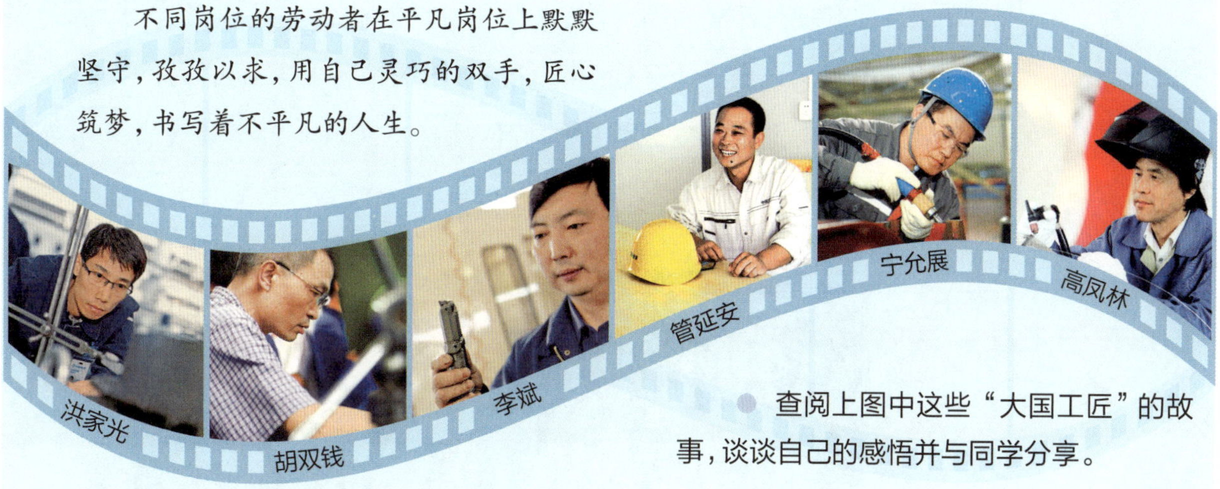

● 查阅上图中这些“大国工匠”的故事，谈谈自己的感悟并与同学分享。

> 青年一代有理想、有本领、有担当，国家就有前途，民族就有希望。
>
> ——习近平

青年兴则国家兴，青年强则国家强。我们生逢其时，施展才干的舞台无比广阔，实现梦想的前景无比光明。我们重任在肩，中华民族伟大复兴的中国梦终将在一代代青年的接力奋斗中变为现实。要主动成为实现中华民族伟大复兴的生力军，自觉肩负起国家和民族的希望，敢于有梦、勇于追梦、勤于圆梦，成为有理想、有本领、有担当的时代新人。

有理想。远大理想是新时代中国青年的奋斗方向，是引领青年成长成才的旗帜。要树立共产主义远大理想和中国特色社会主义共同理想，立志肩负起民族复兴的时代重任，把爱国情、强国志、报国行融入青春血脉，志存高远，以技能成才、技能报国为努力目标，在脚踏实地的实践中，成为拥有一技之长的有用人才，使中国制造更多走向优质制造、精品制造，使中国服务塑造新优势、迈上新台阶。

有本领。学习知识与练就本领是新时代青年成长的重要内容。要立志追求人无我有、人有我优、技高一筹的境界，勇做走在时代前列的奋进者、开拓者、奉献者，毫不畏惧面对一切艰难险阻。要增强学习紧迫感，努力学习马克思主义立场观点方法，努力掌握科学文化和专业技能，提高职业素养，在学习中增长知识、锤炼品格，在实践中增长才干、练就本领，以真才实学服务人民，以创新创造贡献国家。

有担当。每一代青年都有自己的际遇和机缘，强烈的责任意识是新时代青年的奋斗源泉，是推动青年成长成才的不竭动力。要积极弘扬劳模精神、劳动精神、工匠精神。努力成为爱党爱国、拥有梦想、遵纪守法、具有良好道德品质和文明行为习惯的社会主义合格公民，成为爱岗敬业、诚信友善，具有社会责任感、创新精神和实践能力的高素质劳动者和技术技能人才，成为中国特色社会主义事业合格建设者和可靠接班人。

2021年7月1日，共青团员和少先队员代表
在庆祝中国共产党成立100周年大会集体献词："请党放心，强国有我！"

我们既是追梦人，也是圆梦人。新时代的中国青年要以实现中华民族伟大复兴为己任，增强做中国人的志气、骨气、底气，不负时代，不负韶华，不负党和人民的殷切期望。我们要怀抱梦想又脚踏实地，敢想敢为又善作善成，做有理想、敢担当、能吃苦、肯奋斗的新时代好青年，让青春在全面建设社会主义现代化国家的火热实践中绽放绚丽之花。

启思导行

国家好、民族好，大家才会好。只要每个人都把人生理想融入国家和民族的伟大梦想之中，就会汇聚起实现中国梦的强大力量。

- 你的梦想是什么？说说我们应该如何在实现中国梦的奋斗中实现个人梦，创造出彩人生。

内容概览

学以致用

2035·2050：我和祖国共成长

▶活动目标

1. 明白新时代给个人成才提供的广阔舞台和自己所肩负的历史使命，明确责任和担当。

2. 激发学好专业、提高技能的热情，坚定成长为高技能人才助力实现中华民族伟大复兴的信念。

3. 确立为实现中华民族伟大复兴而奋斗的理想，把爱国情、强国志、报国行自觉融入坚持和发展中国特色社会主义事业、全面建设社会主义现代化国家、以中国式现代化全面推进中华民族伟大复兴的奋斗之中，做有理想、有本领、有担当的时代新人。

▶活动任务与建议

任务一：担当使命，履行职责

1. 查询政府职能部门相关网站，了解国家、本地区以及与本专业相匹配行业的2035年和2050年远景规划，查询本专业的人才培养方案，查访本专业对口龙头企业的发展规划；思考2035年和2050年社会与职场发展给自己创造的机遇，明确国家、企业对技能人才素养的新要求，以思维导图或个人规划书的形式呈现自己在2035年和2050年要实现的奋斗目标，要承担的使命和肩负的责任。

2. 可通过查阅报纸杂志、访谈本校负责就业工作的教师等方式，了解本地区区域经济2035年和2050年的规划和布局，结合自己的实际，畅想自己的2035年和2050年。

任务二：明确目标，增添动力

1. 写一封信，给2035年或2050年的自己。信的内容可包括：自己的近况、对2035年或2050年中国的期许、希望自己在2035年或2050

年实现的目标以及为此付出的努力，最后为自己加油，预约最出彩的2035年或2050年。

2. 可以通过“时间胶囊”慢递的方式邮寄给2035年或2050年的自己，也可以将自己写的信放在一个密封的盒子里，由教师统一保管，相约在2035年或2050年的某一天，大家一起返回母校，收取这封穿越时空的信件。

任务三：确定任务，促进行动

1. 根据国家的要求，结合自己的实际情况，明确对2035年和2050年的愿景和为实现这个奋斗目标需要掌握的技能、提升的素养等。结合专业特长，通过制作演示文稿、展板、电子小报、小视频、九宫格漫画等方式展现自己实现奋斗目标的举措和行动。

2. 可以依托学校橱窗、网站、学习空间、班级宣传栏等方式展示作品；也可以在主题活动课上交流和展示作品；通过多样化的自评、互评，或由家长、教师和企业相关人员点评等方式，让奋斗目标成为激励自己前进的动力。

▶活动评价

评价内容	评价人员	评价方式	评价维度						总结反思
			语言表达	问题分析	事件处理	成果呈现	个人状态	团队合作	

说明：

- 评价人员：本人、同学、家长、教师等。
- 评价方式：采用赋分评价、评语结论评价等。
- 评价维度：语言表达是否清晰准确，问题分析是否全面准确，事件处理是否恰当，成果呈现是否完整，个人状态是否积极，团队合作是否有效。
- 总结反思：从成效、改进措施等方面进行。

后 记

本教科书由教育部组织编写，经国家教材委员会审核通过。

国家教材委员会大中小学德育一体化专家委员会和思想政治审议专家委员会委员及相关专家，对教科书的编写与修改完善进行了悉心指导和严格把关。北京市、内蒙古自治区、辽宁省、浙江省、山东省、河南省、湖南省、四川省、云南省、青海省、新疆维吾尔自治区等地教育行政部门、教研部门及部分学校参与了试教试用，提出了很好的意见建议。同时，教科书还征求了中华职业教育社、中国职业技术教育学会等单位以及广大教研员和一线教师的意见。

高等教育出版社承担了教科书的编辑出版工作，在组织编写、编辑加工、制作印刷以及试教试用等方面给予了大力支持。中国图片社、人民图片等机构提供了照片资料。对教科书的编写、出版提供帮助的同仁和社会各界朋友还有很多，在此一并表示诚挚的谢意。

期盼广大师生、家长提出宝贵意见，我们将集思广益，对教科书不断修订完善。

联系方式

电　　话: 400-810-0598

电子邮箱: zzzt@pub.hep.cn

编　者

2023年8月